Soigner son chien

avec amour et bon sens

Premiers soins,
traitements, hygiène.

Photos en couleurs

Illustrations
György Jankovics

Collection dirigée par le Dr Rousselet-Blanc

Avec la collaboration
de PROGRAM®

HACHETTE

Préface

Votre chien change soudain de comportement, il a perdu l'appétit ou il ne peut plus faire un pas sans souffrir visiblement. Que faire ?
Le but de cet ouvrage pratique est de répondre à toutes les questions que se posent propriétaires et éleveurs de chiens.
La partie « Soins pratiques » vous explique comment lui apporter une alimentation équilibrée, lui assurer une bonne hygiène et des soins préventifs (vaccins, vermifugations).
Des conseils de première urgence vous sont également donnés pour savoir comment réagir en cas d'accident ou d'empoisonnement.
Un tableau détaillé des symptômes doit vous aider à dépister les maladies à temps pour pouvoir les traiter rapidement. Vous trouverez dans la partie « Maladies » la description des affections du chien les plus courantes ainsi que le traitement à appliquer. L'auteur vous explique, avec clarté et précision, quels soins pratiquer, sans vous soustraire à l'avis d'un vétérinaire, pour que votre compagnon recouvre santé et énergie.
Toutes ces instructions, agrémentées de photos en couleurs et d'illustrations, sont à la portée de tous, y compris des maîtres débutants.
L'auteur et l'équipe de la rédaction souhaitent à votre chien un prompt rétablissement.

Sommaire

Tenez compte des remarques importantes de la p. 62.

Reconnaître rapidement les maladies

Symptômes	Causes possibles auxquelles vous pouvez vous-même porter remède	Signes alarmants s'il y a aussi présence de ces symptômes
Il manque d'appétit	• Il est rassasié • il est trop gâté et capricieux • la nourriture est trop chaude • changement de nourriture	• Fièvre, vomissements, diarrhée, apathie avec soif intense • Vomissements et absence de selles
Il mange avec excès	• Il n'a pas mangé depuis longtemps • il est glouton • il a été castré	• L'animal boit beaucoup, il est obèse et a le ventre qui pend ; chute des poils
Il ne boit pas	• La nourriture contient assez d'eau	• Il bave, il s'étrangle, il tousse, il fait des efforts pour avaler
Il boit beaucoup	• Il a pris chaud en jouant • il a mangé trop d'aliments secs	• Vomissements et hypothermie ; • Apathie, faiblesse, hypothermie ; • Chez les femelles : vomissements, fièvre, apathie
Diarrhée	• Il a bu trop de lait • il a mangé de la nourriture froide, de la neige • changement de nourriture • stress	• Selles sanguinolentes, vomissements, déshydratation, anémie
Vomissements	• Il a mangé de l'herbe • il a mangé trop gloutonnement	• Si les vomissures sont jaunâtres ou sanguinolentes • Apathie, diarrhée, fièvre élevée • Manque d'appétit, absence de selles, ballonnement abdominal
Toux	• Il a avalé de travers, notamment en buvant trop d'eau	• Toux sèche avec expectoration • Toux sèche irritante avec expectoration sanguinolente • Conjonctivite et rhinite purulentes, difficultés respiratoires, fièvre • Toux grasse, profonde, difficultés respiratoires
Mauvaise haleine	• Il a mangé des crottes, une charogne ou quelque chose qui sent mauvais	• Salivation abondante, éventuellement mêlée de sang • Vomissements, soif décuplée, son haleine sent l'urine
Flatulences	• Il mange trop de viande • changement de nourriture	• Diarrhée, selles pâteuses et claires • Chez les grands chiens : il tente infructueusement de vomir, gonflement de l'abdomen, apathie, respiration gémissante

Diagnostiques possibles	Description de la maladie et traitement
• Infection généralisée (maladie de Carré, parvovirose)	p. 55
• Affection des reins ou du foie, pyomètre (accumulation de pus à l'intérieur de l'utérus)	p. 34, 41, 44
• Présence d'un corps étranger dans l'appareil digestif : urgence vétérinaire !	p. 32
• Possible dérèglement hormonal (hypothyroïdie, hyperfonctionnement des surrénales)	p. 27
• Présence d'un corps étranger dans la gorge, paralysie de la gorge (rage) : urgence vétérinaire !	p. 31, 56
• Affection des reins (avec urémie)	p. 41
• Diabète	p. 50
• Inflammation de l'utérus	p. 44
• Parasites, infection gastro-intestinale, affection du foie et du pancréas, empoisonnement : urgence vétérinaire !	p. 20, 32, 34, 35, 56-58
• Gastrite, corps étranger dans l'estomac, affection du foie ou des reins, empoisonnement : urgence vétérinaire !	p. 20, 32, 34, 41
• Maladie infectieuse (maladie de Carré, parvovirose) : urgence vétérinaire !	p. 55
• Occlusion intestinale : urgence vétérinaire !	p. 32
• Amygdalite, pharyngite ou laryngite (toux de chenil)	p. 36, 56
• Présence d'un corps étranger ou d'une tumeur dans la gorge : urgence vétérinaire !	p. 31
• Refroidissement, bronchite, pneumonie (éventuellement, maladie de Carré) : urgence vétérinaire !	p. 36, 37, 55
• Insuffisance cardiaque avec congestion ou œdème pulmonaire : urgence vétérinaire !	p. 37, 38
• Tartre, parodontose, dent purulente, corps étranger ou tumeur dans la cavité buccale	p. 30, 31
• Gastrite, affection des reins avec urémie	p. 32, 41
• Affection chronique du pancréas ou du foie	p. 34, 35
• Torsion de l'estomac : urgence vétérinaire !	p. 32

Reconnaître rapidement les maladies

Symptômes	Causes possibles auxquelles vous pouvez vous-même porter remède	Signes alarmants s'il y a aussi présence de ces symptômes
Il fait des efforts pour déféquer ou uriner	• Constipation due au manque d'exercice • il mange trop d'aliments secs et ne boit pas assez • femelles en travail	• Émission de glaires sanguinolentes • Présence de sang dans les urines ; l'animal urine quelques gouttes
Urines trop abondantes	• Il a beaucoup bu, parce qu'il fait chaud ou parce qu'il s'est dépensé	• Il dépose de petites quantités d'urine, parfois avec du sang • Urines abondantes, soif décuplée, apathie, mauvais appétit • Chez les femelles : urines abondantes avec pertes de pus et de sang
Respiration difficile ou accélérée	• Halètement en cas de forte chaleur • besoin d'oxygène après un effort ou un stress	• Fièvre, toux, éternuements, étranglements • Toux grasse et profonde, augmentation du rythme cardiaque • Essoufflement sévère, la respiration devient abdominale • Pâleur des muqueuses, augmentation du rythme cardiaque
Il renifle et éternue	• Il a mis son nez dans la neige ou dans un trou de souris	• Écoulement nasal purulent et sanguinolent, il respire par la bouche • Les symptômes n'affectent qu'une seule narine
Faiblesse des pattes arrière	• Il est épuisé après s'être trop dépensé • il est vieux et affaibli	• Douleurs dorsales ; il fait le dos rond • Il a du mal à se relever après une longue station couchée • Il titube, spasmes, crampes
Il chancelle, perd l'équilibre	• quand il se lève ou qu'il secoue la tête • il est normal le reste du temps	• Il tourne en rond, il reste terré dans son coin • Convulsions épileptiques
Démangeaisons	• Il a les oreilles sales • il a des tiques ou des petites plaies	• Démangeaisons violentes sur tout le corps, il se mord pour se soulager • Rougeurs, plaques d'eczéma sur le ventre • Lésions de grattage sur la tête et le cou
Il se mord les pattes	• Ses griffes sont trop longues • les poils entre ses coussinets sont emmêlés	• Eczéma interdigital, abcès • Présence de lésions sur les soles

Diagnostiques possibles	Description de la maladie et traitement
• Constipation : urgence vétérinaire !	p. 33
• Présence de calculs dans l'urètre ou la vessie : urgence vétérinaire !	p. 41
• Inflammation de la vessie, éventuellement présence de calculs	p. 41
• Affection chronique des reins ou du foie, troubles hormonaux (hyperfonctionnement des surrénales, diabète)	p. 34, 41, 50
• Inflammation de l'utérus : urgence vétérinaire !	p. 44
• Refroidissement, infection des voies respiratoires (toux de chenil)	p. 36-37, 56
• Insuffisance cardiaque avec congestion ou œdème pulmonaire : urgence vétérinaire !	p. 37, 38
• Pneumothorax ou rupture du diaphragme après un accident : urgence vétérinaire !	p. 38
• Hémorragie interne consécutive à un accident ou un empoisonnement : urgence vétérinaire !	p. 16, 20
• Rhinite	p. 36
• Présence d'une tumeur ou d'un corps étranger dans la chambre nasale : urgence vétérinaire !	p. 36
• Hernie discale	p. 34
• Arthrose de la hanche ou du genou	p. 53
• Insuffisance cardiaque chronique, méningite (maladie de Carré)	p. 38, 54, 55
• Commotion cérébrale, méningite, mauvaise irrigation du cerveau	p. 17, 54
• Invasion de parasites (poux, puces...)	p. 47, 48
• Allergie par contact direct	p. 48
• Allergie par contact indirect ou maladie auto-immune	p. 40, 48, 56, 57
• Corps étranger dans le coussinet (épine, arête)	p. 47

Un chien doit prendre ses repas dans le calme.
Ne laissez jamais traîner gâteaux et autres douceurs sur la table, sans surveillance. Même un chien bien éduqué aurait du mal à résister à la tentation, et le sucre lui gâterait les dents.

Une alimentation adaptée

On « est » ce que l'on mange, cela vaut aussi bien pour l'homme que pour l'animal. Pour aider un chien à grandir et le maintenir dans un état de santé optimale, il est primordial qu'il mange « juste ». Pour cela, il faut veiller à ce que sa nourriture soit adaptée à ses besoins.

Aliments tout prêts ou pâtées « maison » ?

Les aliments tout prêts présentent bien des avantages : ils sont faciles et rapides à utiliser, et ils fournissent à l'animal tout ce dont il a besoin. On les trouve sur le marché sous forme d'aliments humides (boîtes) ou secs (croquettes) ou encore sous forme de combinaison de flocons ou de légumes. Si vous choisissez de nourrir votre chien avec des aliments tout prêts, respectez ces quelques points :

• Ne donnez jamais à votre chien une boîte qui sort directement du réfrigérateur (le froid provoque de la diarrhée), ou bien mêlez-y un peu d'eau chaude.

• Si vous lui donnez des croquettes, pensez à mettre à sa disposition un bol d'eau fraîche.

Si équilibrés que soient les aliments tout prêts, les chiens apprécient aussi les repas préparés spécialement pour eux. À ce sujet, lisez les conseils donnés en pages 9-10.

Où et quand le faire manger ?

Nous aimons avoir la paix lorsque nous sommes à table. Le chien aussi. Son écuelle et sa jatte d'eau devront être placées à l'écart des lieux de passage, mais dans un coin accessible à tout moment. Le chien doit être habitué très jeune à manger à heures fixes. Adulte, il devrait se satisfaire d'un repas principal à midi et d'un petit supplément le soir. Si ces horaires ne conviennent pas à son rythme de vie, vous pouvez placer le repas principal soit le matin, soit en début de soirée. Dans tous les cas, faites sortir le chien 4 à 6 heures après le repas pour faire ses besoins.

La boisson

Un chien a besoin de s'abreuver régulièrement. Il doit donc avoir en permanence un bol d'eau fraîche à sa disposition. Ne lui donnez pas du lait tous les jours car cette boisson a un effet laxatif. Il est fréquent que les chiens âgés boivent peu. Si votre chien ne boit pas d'eau mais qu'il aime le lait, donnez-lui du lait coupé avec de l'eau. Surveillez les éventuelles diarrhées.

Les os

Pour l'entretien des dents, le chien doit pouvoir ronger quelque chose. L'idéal, c'est un gros os

La nourriture « maison »

Besoins journaliers / Taille des chiens	60 % de protéines	30 % de glucides	5 à 10 % de lipides	Vitamines, sels minéraux oligo-éléments
Petite taille (moins de 10 kg)	150 à 200 g	75 à 100 g	1 cuil. à café d'huile	1 pincée
Taille moyenne (moins de 20 kg)	300 à 350 g	150 à 200 g	2 cuil. à café d'huile	1 cuil. à café
Grande taille (plus de 30 kg)	500 à 700 g	250 à 350 g	1 cuil. à soupe d'huile	2 cuil. à café

de veau ou de bœuf sur lequel il pourra s'escrimer sans danger. Évitez de donner des os de volaille ou surtout de lapin : ils se brisent et les esquilles peuvent endommager l'intestin *(voir p. 32).*

L'alimentation du jeune chien

Les jeunes chiens ont besoin de davantage de protéines et de sels minéraux que les adultes. C'est pourquoi l'on trouve dans les magasins spécialisés des boîtes spéciales pour chiots.
Si vous venez d'acquérir un chiot, demandez à l'éleveur de vous donner un peu de la nourriture à laquelle le chiot a été accoutumé, afin de faciliter son acclimatation chez vous.
Un jeune chien doit être nourri selon le plan suivant :

- 4 fois par jour jusqu'à l'âge de 3 mois ;
- 3 fois par jour jusqu'à l'âge de 6 mois ;
- ensuite, 2 fois par jour.

L'alimentation du chien âgé

(Voir p. 26)

Les erreurs alimentaires

L'obésité a un retentissement important sur les articulations, le système cardio-respiratoire, l'appareil digestif, les reins, etc. L'excès de poids menace surtout les chiennes, car elles sont plus gloutonnes que les mâles. Toutefois, après la castration, mâles et femelles ont tendance à manger davantage.

L'embonpoint menace également les chiens âgés car ils prennent moins d'exercice. Il est possible de faire maigrir un chien obèse avec un régime hypocalorique, une diminution de sa ration quotidienne et un surcroît d'activité pour qu'il perde les kilos superflus.

La pâtée « maison »

De nombreux chiens apprécient de se voir offrir de temps à autre un repas spécialement préparé à leur intention. Pourquoi pas ? Dans ce cas, équilibrez-en bien les éléments nutritifs. Le mélange maison doit être composé ainsi :

- 1/3 de flocons de levure de bière ;
- 2/3 de farine d'os ;
- des fruits, des légumes, de la salade ou du persil finement coupés.

L'obésité retentit sur la santé.

Le jeu et la bagarre sont indispensables à l'équilibre et au développement du chien.

La ration quotidienne varie considérablement d'un animal à l'autre. Il va de soi qu'un chien de chasse ne doit pas être nourri comme un chien d'appartement, un dogue allemand, comme un teckel, ni un vieux chien, comme un chiot.
Pour en savoir plus, consultez le tableau « La nourriture maison », *p. 9.*

Les régimes alimentaires

Diverses périodes ou péripéties de la vie de votre chien nécessitent parfois l'adoption d'un régime alimentaire spécifique.
Si vous avez adopté la nourriture ménagère, il peut être difficile de trouver la recette idéale préconisée.
En revanche, l'alimentation préparée peut s'imposer dans de nombreux cas. Il ne s'agit pas de la gamme traditionnelle en vente dans le commerce mais bien d'aliments à visée thérapeutique délivrés par le vétérinaire lui-même. Différentes marques mises à la disposition des praticiens offrent des formules pour de nombreux problèmes pathologiques. C'est ainsi que sont proposées des croquettes ou des aliments en boîte plus particulièrement destinés aux animaux souffrant de maladies rénales. Mieux équilibrées en protéines et en minéraux, ces recettes réduisent le taux d'urée.
Certains animaux atteints de troubles digestifs consommeront des mélanges qui sont hyper-digestibles ou qui combattent les allergies alimentaires.
Dans ce domaine de l'allergie, les phénomènes de dermatoses peuvent être réduits par des aliments contenant des protéines déspécifiées.
Il existe également une diététique de l'obèse, du diabétique ou, à l'inverse, de la dénutrition ou des besoins accrus lors d'une convalescence, d'une gestation ou d'une lactation.
Dernière nouveauté, les croquettes destinées à lutter contre l'apparition du tartre et contenant des fibres spéciales qui jouent le rôle de « brosse à dents » lorsque l'animal les croque et les mâche.
Voilà donc un aspect de la médecine vétérinaire à visée diététique radicalement différent du concept humain. Sa diversité démontre que nos compagnons sont l'objet de l'attention et de l'imagination des fabricants d'aliments qui cherchent à sortir du schéma de la nutrition classique pour mieux s'adapter aux cas particuliers.
N'oubliez pas qu'une alimentation équilibrée est le garant d'une bonne santé et d'une longue vie pour votre compagnon.

Les soins pratiques

Prendre sa température

Contrairement à l'idée reçue, la truffe chaude et sèche n'est pas un signe de fièvre. L'élévation de la température s'observe sur le bas du ventre ou à l'intérieur des cuisses. Si, en les palpant, ces zones vous paraissent anormalement chaudes alors que le chien est au repos, prenez sa température rectale. Utilisez un thermomètre fin et incassable. Les plus pratiques sont les thermomètres à affichage digital et signal sonore, car ils réagissent très rapidement. Lubrifiez l'instrument avec de la vaseline. Immobilisez le chien debout — le mieux est de vous y prendre à deux —, levez-lui la queue et introduisez le thermomètre dans le rectum en l'inclinant légèrement vers le haut et en le rentrant jusqu'à 3 cm. Maintenez-le ainsi 1 ou 2 mn s'il s'agit d'un thermomètre ordinaire. Si c'est un thermomètre digital, retirez-le après le signal sonore. Si le chien a plus de 38,5 °C (39 °C pour un chien de petite race), il a de la fièvre. Si la température est au-dessous de la normale (hypothermie), cela peut être aussi le signal d'alarme qui accompagne une maladie.

Administrer des médicaments

Médicaments liquides

Le plus commode est de les administrer avec une seringue sans aiguille. Pour cela, relevez légèrement la tête du chien et instillez le médicament latéralement, derrière les molaires *(voir illustration, p. 21)*, en plusieurs fois afin que le chien ait le temps d'avaler le remède.

Comprimés et gélules

Dissimulez-les dans une bouchée de nourriture et veillez à ce que le chien ne recrache pas son médicament. S'il a deviné l'astuce, ouvrez-lui la gueule en appuyant au niveau des maxillaires supérieurs, placez le comprimé le plus loin possible en arrière de la langue et fermez rapidement sa gueule. Il sera bien obligé « d'avaler la pilule ». Vous pouvez aussi instiller un peu d'eau à l'aide d'une seringue pour faciliter la déglutition.

Suppositoires

Enduisez les suppositoires de vaseline et introduisez-les le plus loin possible dans le rectum.

Improviser une muselière

Un chien qui est blessé ou qui souffre beaucoup peut mordre. Dans ces cas, confectionnez une muselière de fortune avec un bandage solide d'environ 1 m de long et faites un large nœud dans lequel vous passerez le museau du chien. Serrez le nœud modérément au-dessus de la gueule pour que l'animal respire sans peine. Croisez les deux morceaux libres sous la gueule, passez-les autour du cou et nouez-les derrière la nuque.

Calendrier des vaccinations

à 8 semaines	Parvovirose - Maladie de Carré - Hépatite
à 12 semaines	Parvovirose - Maladie de Carré - Leptospirose
à 15 semaines	Leptospirose - Rage
à 15 mois	Rappel général
1 an plus tard	Rappels : leptospirose, rage, parvovirose
2 ans plus tard	Rappels : maladie de Carré, hépatite, parvovirose leptospirose, rage. Et ainsi de suite, en alternance.

FICHE PRATIQUE
Les soins

Les soins préventifs

Entretenir un chien ne consiste pas seulement à le conduire au toilettage. La tonte à la mode et le pompon sur la tête sont certes très jolis, mais la première forme d'hygiène commence d'abord par un contrôle et un nettoyage réguliers des oreilles, des yeux, des dents, des pattes et de l'anus.

Les soins du pelage

C'est un moment que votre chien appréciera, surtout si vous lui prodiguez les soins avec affection.
Le brossage : si vous avez un chien à poil court, brossez-le une fois par semaine avec une brosse en poils naturels. Si les poils sont longs, commencez par peigner l'animal avec un peigne métallique à dents larges. Ensuite vous pouvez utiliser une brosse métallique. Selon la finesse de la fourrure, l'animal devra être brossé quotidiennement ou tous les deux jours.

Le bain : un chien ne doit pas être baigné plus d'une fois par mois. Choisissez un shampooing doux et évitez d'en mettre dans les yeux et les oreilles.
En revanche, vous pouvez le doucher tous les jours si vous n'utilisez pas de shampooing. Frictionnez vigoureusement votre chien avec une serviette chaude, puis séchez-le avec un sèche-cheveux ou bien installez-le dans une pièce chaude afin qu'il ne prenne pas froid.

Conseil : lors du toilettage, profitez-en pour vérifier si le chien a des parasites, ou si des croûtes, des zones purulentes ou des rougeurs apparaissent sur sa peau *(voir pp. 47 à 49).* Un peigne spécial à dents fines permettant d'éliminer les lentes et les crottes de puces est en vente chez le vétérinaire ou dans les magasins spécialisés. Un pelage très emmêlé peut être à l'origine d'eczéma. Essayez de défaire les nœuds un à un avec vos doigts. Si vous n'y arrivez pas, utilisez des ciseaux avec précaution : ne coupez pas la peau. Pour ne pas blesser l'animal, dirigez le bout rond des ciseaux entre les poils emmêlés. Lorsque vous coupez, ne soulevez pas la peau.

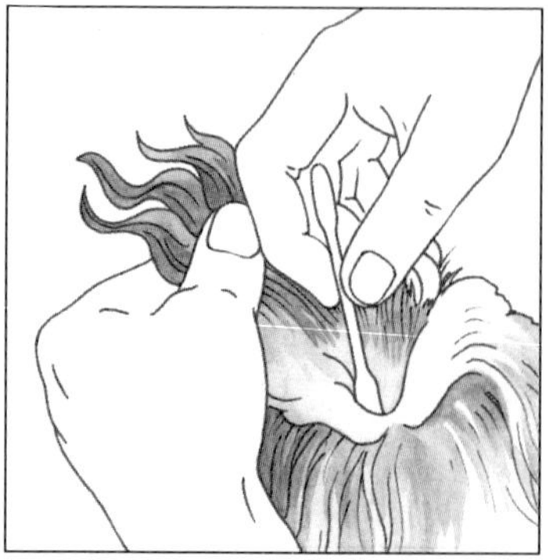

1. *Introduisez verticalement le coton-tige dans le pavillon.*

Les soins des oreilles

Les oreilles doivent être contrôlées après le bain et une fois par mois. Vérifiez qu'il n'y a ni croûtes ni rougeurs *(voir p. 46).* Enlevez les sécrétions à l'aide d'un mouchoir en papier doux humecté avec de l'huile pour bébés. Si le conduit est obstrué par des poils, enlevez-les prudemment avec vos doigts ou une pince à épiler (ne les coupez surtout pas avec des ciseaux, vous pourriez blesser l'animal).
Si vous devez nettoyer le conduit avec un coton-tige, demandez à votre vétérinaire de vous montrer comment faire. Le coton-tige doit toujours être introduit verticalement dans le pavillon *(voir illustration 1).* Si vous le faites pénétrer à l'horizontale, vous risquez de blesser le tympan.

Calendrier des vermifugations
L'animal sera vermifugé selon les vers identifiés ; les plus courants (ascaris et ténias) demandent des traitements réguliers.

Ascaris	À 6 semaines	À 8 semaines	À 12 semaines
Ténias et ascaris	À 4 mois	À 5 mois	Puis 2 à 3 fois par an

Peu de chiens aiment ce genre de bain, mais la pollution et les parasites peuvent le rendre nécessaire.

Les soins des yeux

Vérifiez si des sécrétions se sont déposées à l'angle interne des yeux et si la conjonctive est rouge *(voir p. 45).* Pour cela, tirez doucement la paupière inférieure vers le bas. Nettoyez les coins des yeux à l'aide d'un mouchoir en papier doux. Si les dépôts se sont transformés en croûtes, humectez le mouchoir avec une solution de camomille tiède et retirez-les avec précaution.

Les soins des dents

Vérifiez l'état des dents de votre chien une fois par trimestre *(voir illustration 2, p. 14)* ; l'ennemi numéro un de ses dents, c'est le tartre *(voir p. 30),* ce dépôt brunâtre qui siège sur le collet. Ses gencives ne doivent ni être meurtries ni enflammées. Si vous découvrez des dents cassées ou branlantes, ou si votre chien a mauvaise haleine, conduisez l'animal chez le vétérinaire. S'il souffre de parodontose, brossez-lui les dents régulièrement avec une pâte dentifrice spéciale en vente chez le vétérinaire ou dans les magasins spécialisés.

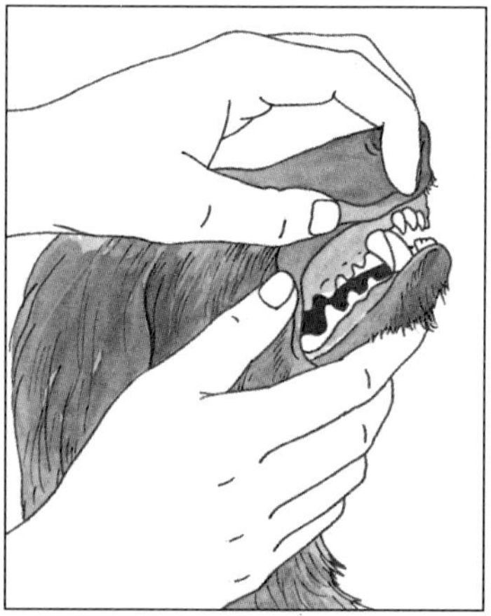

2. *Contrôlez régulièrement la denture et le tartre dentaire.*

Les soins des pattes

Si les pieds sont très poilus, commencez par couper les poils qui siègent entre les coussinets et les doigts, sinon le gravier, les épines ou le chewing-gum y resteront logés. En hiver, protégez les pattes de votre chien contre les brûlures que provoque le sel de déneigement. Enduisez de vaseline les coussinets et les espaces interdigitaux avant chaque promenade, et séchez ses pattes en rentrant.

Conseil : si les coussinets sont fendillés ou coupés, conduisez l'animal chez le vétérinaire, car les blessures localisées dans cette région guérissent rarement spontanément.

Les soins des griffes

Lorsqu'un chien prend suffisamment d'exercice, ses griffes s'usent naturellement. Mais, s'il est peu actif (comme les chiens âgés), et surtout s'il est habitué à marcher sur de la moquette, ses griffes poussent plus vite. Pour contrôler la longueur des ongles, soulevez la patte. Si la pointe de la griffe dépasse la base du coussinet, il faut la couper *(voir illustration 3).* Pour la coupe des ongles, mieux vaut vous adresser à votre vétérinaire ou à un toiletteur. En effet, la partie charnue de la griffe est sillonnée de nerfs et de petits vaisseaux. L'opération est très délicate pour un profane, surtout si les ongles sont foncés.

Les soins de l'anus et de la zone génitale

Si l'arrière-train du chien est souillé, douchez-le ou frottez-le avec un linge humide. Chez les chiens à poil long, il vaut mieux couper les poils autour de l'anus, car ceux-ci sont souvent collés par les sécrétions des glandes anales *(voir p. 34)* et par les excréments. Le chien tente alors de s'en débarrasser en frottant son derrière sur le sol (« signe du traîneau »).

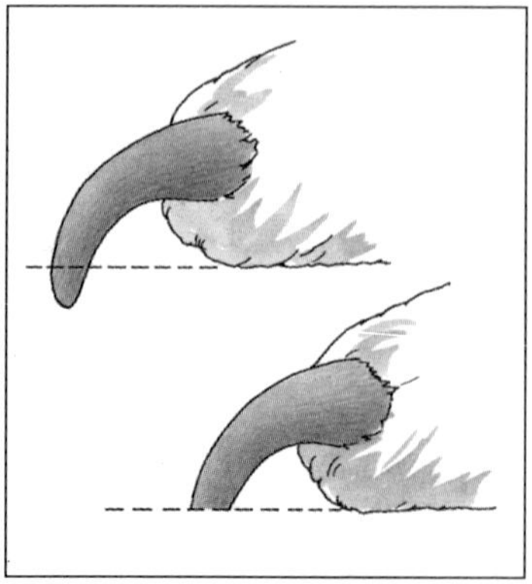

3. *Cette ligne fictive aide à vérifier la longueur des griffes.*

Chez certains jeunes mâles, on observe parfois des écoulements de pus à l'extrémité du pénis. Cela est dû à une inflammation bénigne de la muqueuse du prépuce. Néanmoins il faut conduire l'animal chez le vétérinaire qui traitera le mal par des solutions désinfectantes et des antibiotiques.

Les soins du chien malade

Soigner une plaie

En principe, une plaie superficielle ne doit pas être pansée (sauf si le chien risque de la lécher), afin de faciliter sa cicatrisation à l'air libre. Nettoyez-la 2 ou 3 fois par jour à l'aide d'un mouchoir en papier puis désinfectez-la avec un spray ou une poudre antiseptique.

Changer un pansement

Selon le suintement de la plaie, le pansement sera changé une fois par jour ou tous les deux jours seulement. Pour cela, utilisez une compresse stérile et une bande de gaze neuve. Après avoir nettoyé la plaie, recouvrez-la avec la compresse que vous maintiendrez en place à l'aide d'une bande sans trop la serrer.

Bandage ventral : si l'abdomen doit être protégé (après une castration, par exemple), vous pouvez acheter un bandage spécial en pharmacie ou confectionner une sorte de pyjama en découpant un vieux T-shirt *(voir photo p. 49).*

La collerette

Pour éviter qu'un chien blessé n'arrache ses pansements, ne lèche ses plaies ou ne morde ses points de suture, on peut lui mettre une collerette *(voir illustration ci-dessous).* Vous en trouverez chez votre vétérinaire.

La collerette empêche le chien d'arracher ses pansements.

Les inhalations

La plupart des chiens répugnent à inhaler des vapeurs chaudes. Vous aurez plus de succès avec un aérosoliseur (en vente dans les pharmacies), qui permet à l'animal de respirer les vapeurs médicamenteuses au moyen d'un cornet.

Les piqûres d'insuline

Si votre chien souffre de diabète *(voir p. 50),* vous devrez lui faire 1 à 2 injections quotidiennes pour abaisser le taux de glycémie. Le vétérinaire vous fournira la seringue et vous montrera comment procéder.

Il faut piquer au niveau du cou. D'une main, saisissez la peau entre le pouce et l'index, de l'autre main, faites pénétrer l'aiguille dans le pli cutané ainsi formé, puis lâchez la peau. L'aiguille doit rester piquée sous la peau. Poussez alors doucement le piston de la seringue pour injecter l'insuline.

Conseil : changez d'endroit à chaque injection.

Les bains curatifs

Dosez le shampooing spécial selon le mode d'emploi. Protégez les yeux et les oreilles du chien. Laissez agir le produit pendant 5 à 10 mn, puis rincez le pelage à l'eau claire.

Conseil : lorsque vous avez terminé le bain, lavez-vous les mains.

Si vous avez la peau fragile ou si vous êtes sujet aux allergies, mettez des gants jetables.

Les frictions

Si votre chien souffre d'une affection de la peau (gale, mycose, etc.), vous pouvez le soulager en frictionnant son corps.

Mais attention, les produits dermiques ne doivent pas être appliqués en trop grande quantité sur la peau. Respectez la prescription du vétérinaire. Pour empêcher le chien de lécher la région traitée (risque d'intoxication), mettez-lui une collerette.

Conseil : lavez-vous soigneusement les mains après.

Mettre de la pommade et des gouttes dans les yeux

Mettre des gouttes : d'une main, abaissez la paupière inférieure avec l'index ; de l'autre main, faites tomber 2 ou 3 gouttes derrière la paupière.

Mettre de la pommade : d'une main, faites remonter la paupière supérieure avec l'index ; de l'autre main, déposez sous la paupière un trait de pommade d'environ 5 à 10 mm, sans toucher le globe oculaire.

FICHE PRATIQUE
Les cas d'urgence

Que faire en cas d'accident ?

Une minute d'inattention… et voilà que votre chien se fait renverser en traversant la rue à l'improviste. La gravité des blessures dépend de la violence du choc et du point d'impact. Mais les chiens ne sont pas seulement victimes d'accidents de la circulation. Leur nature curieuse et vagabonde les expose aux chutes, aux brûlures, aux morsures, aux empoisonnements, aux piqûres d'insectes, etc.
Il vous appartient d'être vigilant et, si un accident se produit, de connaître les premiers soins à prodiguer. Si vous partez pour de longues promenades, emportez toujours une trousse de secours avec vous.

1. *Posez un garrot au-dessus du talon ou du coude.*

Piqûres d'insectes

(Voir p. 31.)

État de choc

Après un accident, le chien se trouve souvent en état de choc. De ce fait, de nombreux organes vitaux sont privés de sang et d'oxygène.

Symptômes

Pâleur des muqueuses, accélération du pouls et du rythme respiratoire, hypothermie, prostration, perte de connaissance.

Premiers gestes

Couchez confortablement le chien sur le côté, dans un environnement

Les premiers gestes à accomplir

Après l'accident, efforcez-vous de rassurer votre chien en lui parlant avec douceur. Essayez ensuite d'évaluer la gravité des blessures.

Stoppez l'hémorragie

En cas d'hémorragie, si le sang jaillit abondamment, vous devez immédiatement poser un garrot en amont de la plaie, au-dessus du talon ou du coude, avec, si possible, une bande élastique *(voir illustration 1)*. Si vous n'en avez pas, vous pouvez utiliser un bas ou une chaussette (le principal est que la matière soit élastique). Mais le garrot devra être desserré toutes les 30 mn, afin de favoriser l'oxygénation des tissus, sinon il y a risque grave de nécrose.

Libérez les voies respiratoires

Si l'animal a perdu connaissance, veillez à ce qu'il puisse respirer. Ouvrez-lui la gueule et vérifiez que les voies respiratoires ne sont pas encombrées. Enlevez les corps étrangers qui obstruent la bouche. Pour éviter la chute de la langue au fond de la gorge, tirez-la et laissez-la pendre sur le côté.

Protégez-vous contre les morsures éventuelles

Après l'accident, ne manipulez pas spontanément votre chien. Vous risquez de vous faire mordre.
Si vous devez, par exemple, lui mettre un pansement provisoire, muselez-le d'abord avec un bandage *(voir p. 11)*.

Conduisez l'animal chez le vétérinaire

Après avoir prodigué les premiers soins, emmenez votre chien au plus vite chez le vétérinaire. Une couverture fera office de brancard *(voir illustration, p. 18)*.
Si vous suspectez une atteinte de la colonne vertébrale, glissez une planche rigide sous l'animal.

si possible tranquille, et recouvrez-le d'une couverture chaude. Assurez la liberté des voies respiratoires supérieures *(voir p. 16).* Transportez ensuite l'animal dans les meilleures conditions possibles chez le vétérinaire. Le traitement (oxygénation, drogues cardio-toniques, perfusions) permet généralement au chien de se rétablir dans l'heure qui suit.

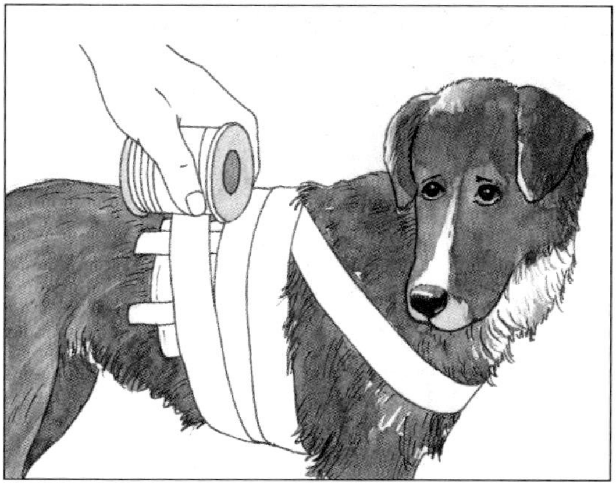

2. *Enroulez une bande élastique tout autour du thorax et faites-la passer par-dessus l'épaule pour la fixer devant avec du sparadrap.*

Contusions abdominales

Le choc d'un corps contondant au niveau de l'abdomen peut provoquer une pression, voire une rupture des organes internes (rate, foie, intestin, vessie, reins). Les ruptures de la rate, du foie ou des reins entraînent généralement une hémorragie dans la cavité abdominale.

Symptômes

Pâleur des muqueuses, douleur abdominale, aggravation de l'état général en l'espace de quelques heures.

Conseil : si le chien a les muqueuses pâles, et même s'il n'y a pas de plaie cutanée, emmenez-le immédiatement chez le vétérinaire.

Commotion cérébrale

Tout choc violent au niveau de la tête peut entraîner une abolition, temporaire ou définitive, des fonctions cérébrales.

Symptômes

Engourdissement, perte d'équilibre, dodelinement de la tête, tremblement des yeux, pupilles inégalement dilatées, hypersalivation, vomissements, convulsions épileptiques.

Premiers gestes

Couchez l'animal confortablement et évitez l'agitation alentour. Tranquillisez-le. Au besoin, dégagez ses voies respiratoires *(voir p. 16).* Pour prévenir tout refroidissement, gardez-le au chaud sous une couverture et conduisez-le sans attendre chez le vétérinaire.

Lésions de la moelle épinière

La colonne vertébrale protège la moelle épinière située dans le canal rachidien. Tout traumatisme de la colonne vertébrale peut donc s'accompagner de lésions de la moelle épinière.

Symptômes

Douleur, crispation du dos, paralysie, insensibilité des pattes.

Conseil : en cas de fracture de la colonne vertébrale, conduisez l'animal immédiatement chez le vétérinaire. Transportez-le avec les plus grandes précautions *(voir p. 16).*

Fracture, luxation, entorse

La plupart du temps, les fractures se produisent à la suite de chocs violents (chute, accident). Si la peau qui recouvre l'os est demeurée intacte, on parle de « fracture fermée ».
Si l'os a transpercé la peau, il s'agit d'une « fracture ouverte ». Dans ce dernier cas, le risque d'infection est considérable et la consolidation toujours longue. Les luxations apparaissent lorsqu'un os sort de son articulation.

FICHE PRATIQUE
Les cas d'urgence

Lors des entorses, les muscles et les ligaments sont excessivement étirés.

Symptômes
Craquements d'os lors d'un faux mouvement, paralysie, gonflement, déformation, cassure nette au niveau de la région touchée ; les os peuvent être apparents.

Premiers gestes
Muselez l'animal pour éviter de vous faire mordre *(voir p. 11).*
Déplacez le moins possible le membre brisé, au besoin posez une attelle provisoire.
Déposez délicatement le chien sur une couverture qui fera office de civière et gardez-le au chaud avec une autre couverture.
Si la fracture est ouverte, recouvrez-la d'un tissu propre pour prévenir les risques d'infection. Le traitement est du ressort du vétérinaire.

Traitement
Il a pour objectif de rétablir du mieux possible l'anatomie de l'os en immobilisant le membre fracturé (plâtre, ou chirurgie osseuse).
Les ruptures de ligaments (fréquentes dans l'articulation du genou) nécessitent une suture chirurgicale.

En cas de bagarre sérieuse, présentez votre chien au vétérinaire pour qu'il examine et traite ses morsures.

En l'absence d'un support rigide, une simple couverture fera office de civière pour transporter l'animal blessé.

Blessure par morsure
Bagarres et morsures ne sont pas rares entre chiens. Les plaies ne sont pas toujours visibles à travers le pelage et peuvent évoluer vers un abcès sévère, si la canine de l'adversaire a perforé la peau.

Premiers gestes
Si la plaie saigne, couvrez-la avec un linge parfaitement propre. S'il y a hémorragie, arrêtez le saignement en comprimant le vaisseau avec une compresse ou même à main nue. Conduisez d'urgence l'animal chez le vétérinaire.

Conseil : un abcès peut apparaître quelques jours après la bagarre et causer fièvre, apathie, perte d'appétit et empoisonnement du sang.

Brûlures
La plupart des brûlures sont provoquées par de l'eau ou de l'huile bouillante ou par le contact avec

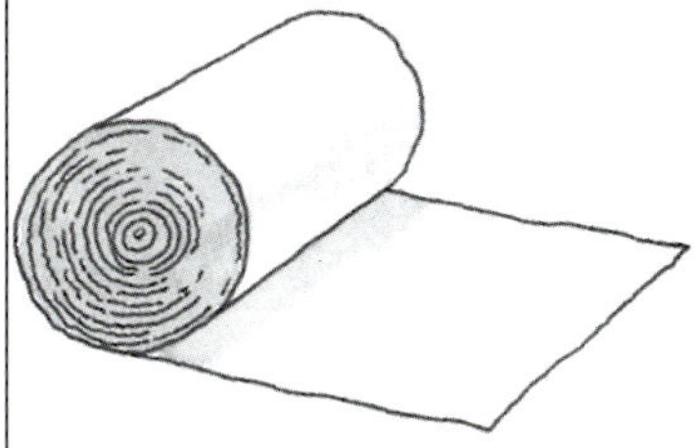

La trousse de secours

Pour faire face aux urgences, il est utile de posséder et ranger dans un endroit accessible une trousse contenant instruments et remèdes nécessaires.

- 1 thermomètre ;
- 2 bandes de gaze élastique de 4 à 6 cm de large pour panser la patte ;
- 2 bandes de gaze élastique de 8 à 10 cm de large pour panser la tête, le thorax, l'abdomen ;
- 1 boîte de compresses stériles ;
- 1 rouleau de sparadrap ;
- du coton hydrophile ;
- des cotons-tiges ;
- 1 collyre antibiotique ;
- 1 flacon de nettoyant pour les oreilles ;
- de la vaseline ;
- du charbon animal ;
- de la poudre, du spray et du shampooing pour combattre les parasites ;
- une pommade adoucissante à base de vitamine A ;

- 3 seringues sans aiguille de 2, 5 et 10 ml pour administrer médicaments, nourriture et liquides ;
- 1 pince à tiques ;
- 1 coupe-ongles ;
- 1 paire de ciseaux.

une surface chaude (plaque de cuisson, porte du four), mais aussi par des produits caustiques.

Symptômes

Tout dépend de la profondeur des lésions et de leur nature. Dans les cas bénins, on note une simple rougeur locale douloureuse. Dans les cas plus graves, le derme, mis à nu, est parsemé de cloques ; les poils sont roussis ou tombés.

Premiers gestes

Si la lésion est superficielle, vous pouvez soulager la douleur en faisant immédiatement couler de l'eau froide sur la région brûlée. Puis appliquez une pommade adoucissante à base de vitamine A.
En revanche, si les couches profondes du derme sont touchées, ne mettez rien sur la blessure. Couvrez-la avec un linge propre ou un pansement et conduisez d'urgence l'animal chez le vétérinaire.

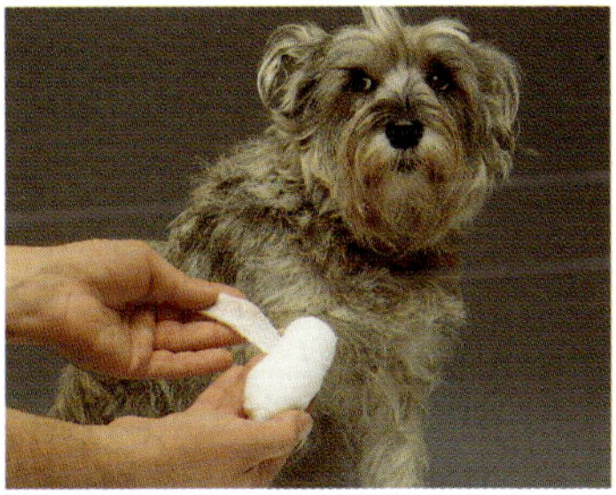

D'un soin d'urgence approprié dépend une bonne guérison.

Que faire en cas d'empoisonnement ?

Les poisons sont des substances capables de nuire à l'organisme et même d'en interrompre les fonctions vitales. À la maison ou dans la rue, l'homme et le chien peuvent avaler à tout moment des produits toxiques : raticides, médicaments, insecticides ou désinfectants.

Si vous soupçonnez votre compagnon d'avoir ingéré une substance dangereuse, conduisez-le sans différer chez le vétérinaire. N'attendez pas que les premiers symptômes se manifestent. Plus tôt les mesures d'urgence pourront être mises en œuvre, plus grandes seront les chances de le traiter efficacement.

Signes d'empoisonnement

Hypersalivation, vomissements répétés, diarrhées ; présence de sang dans les vomissures, les selles, les urines ; prostration ; suffocation ; les muqueuses sont pâles ou cyanosées (bleues) ; accélération du pouls ; démarche titubante ; convulsions ; perte de connaissance.

Si ces troubles se manifestent en l'espace de 1 à 2 heures, dans l'ordre décrit ci-dessus, il y a alors une forte présomption d'empoisonnement.

Mesures d'urgence

Pour être efficace, il est impératif de limiter l'effet du poison dans la demi-heure ou, au maximum, dans l'heure qui suit l'absorption, en recourant aux vomitifs, aux lavages d'estomac et aux purgatifs.

- Conduisez l'animal d'urgence chez le vétérinaire.
- Si le vétérinaire est trop loin, faites-lui boire de force une solution très salée qui le fera vomir (1 cuillerée à soupe de sel pour 10 cl d'eau).
- Faites-lui prendre des pastilles de charbon. Le charbon absorbe la plupart des poisons et ne présente aucun danger pour le chien.
- Si l'animal ne vomit pas, faites-lui boire de bonnes quantités d'eau afin de diluer le poison et de retarder son absorption.

Important : évitez de lui faire boire du lait, de l'huile ou même de l'huile de ricin. Certains poisons étant solubles dans les graisses, cela aggraverait l'intoxication.

Les poisons les plus courants

À moins que vous n'ayez un soupçon précis, il importe d'abord de reconnaître le toxique, au besoin en faisant appel au Centre antipoison. Dans tous les cas, conduisez d'urgence l'animal chez le vétérinaire.

Antigel (éthylène-glycol, glycol)

Il arrive souvent que les chiens lèchent de l'antigel, car celui-ci a un goût sucré. Selon la quantité absorbée, il peut s'ensuivre de graves dommages, voire un dysfonctionnement rénal pouvant entraîner la mort.

Symptômes

Le chien bave abondamment, il vomit spontanément quelques minutes après l'ingestion du produit. Diarrhée, épuisement, démarche titubante, convulsions, perte d'équilibre.

Soins

Le traitement consiste en un lavage d'estomac, suivi de l'administration de perfusions d'alcool afin de maintenir la fonction rénale.

Insecticides (Produits organophosphorés et organochlorés)

L'usage inconsidéré de produits destinés à combattre les puces, les poux et les tiques (shampooing, poudre, spray, collier anti-puces, etc.) peut être la cause d'une intoxication aiguë. Le chien peut s'empoisonner en léchant son pelage ou en mangeant son collier anti-puces.

Symptômes

Les insecticides sont des neurotoxiques et les symptômes d'empoisonnement sont les mêmes que pour le tue-limaces (voir « Métaldéhyde »).

Soins

Appliquer le même traitement que pour le tue-limaces.

En cas d'empoisonnement, faites-lui boire une solution très salée avec une seringue.

Barbituriques
L'absorption de somnifères peut plonger le chien dans un état de narcose et, si la dose a été excessive, causer sa mort.

Symptômes
Pas de vomissements ni de diarrhées, sommeil profond, abolition de la conscience, respiration calme, muqueuses cyanosées, pouls faible rapide.

Soins
L'élimination du toxique se fait par des vomitifs et un lavage d'estomac. Dans les cas plus difficiles, on a aussi recours à la respiration artificielle et à des perfusions qui stimulent l'élimination des toxines dans l'urine. Il est primordial de garder le chien au chaud et de le changer de position toutes les demi-heures pour faciliter la circulation du sang.

Coumarine
Couramment utilisé pour détruire les rongeurs, ce poison provoque de fortes hémorragies internes.

Symptômes
Inapparent au début, l'empoisonnement se manifeste seulement au bout de 2 à 6 jours : hémorragies internes, pâleur des muqueuses, urines teintées de sang, diarrhées sanglantes.

Soins
Le vétérinaire pourra administrer comme antidote une injection de vitamine K et, éventuellement, faire une transfusion sanguine.

Métaldéhyde (tue-limaces, méta)
Il peut arriver que le chien absorbe du tue-limaces dans le jardin ou qu'il confonde des morceaux de méta avec des morceaux de sucre. Selon la quantité ingérée, la mort peut survenir dans les 24 heures.

Symptômes
Les premiers symptômes apparaissent 30 mn à 1 h après l'ingestion, avec bave, vomissements, diarrhées ; l'aggravation est plus ou moins rapide (1 à 3 h) : le chien vacille et titube, il est craintif, ses membres sont raides (y compris dans la position couchée), la tête est secouée de convulsions, la fièvre élevée (41-42 °C).

Soins
Le traitement comporte les vomitifs, le lavage d'estomac, l'administration de sédatifs et de narcotiques qui induiront un sommeil réparateur pendant 1 à 2 jours, les perfusions pour stimuler l'élimination rénale et le calcium comme anticonvulsivant.

Si le chien a absorbé des substances dangereuses, une désintoxication s'impose. Il aura ensuite besoin de repos.

Les chaleurs et la mise bas

Les chaleurs

La chienne atteint la maturité sexuelle entre le 6e et le 9e mois. Les chaleurs se manifestent ensuite deux fois par an. Durant ces périodes, elle est apte à l'accouplement. Les chaleurs durent de 2 à 3 semaines et se déroulent en deux phases :

- durant la période de « pré-chaleur » (10 jours environ), la chienne est nerveuse et de légers saignements se produisent. Les mâles du quartier, attirés par les substances odorantes qu'elle sécrète, s'intéressent de plus près à la demoiselle. Mais, à ce stade, celle-ci n'est pas encore prête à accepter leurs avances ;
- s'ensuit la période de chaleur ou œstrus. Les écoulements vulvaires diminuent, la chienne fait des fugues : elle se laisse volontiers renifler les parties génitales, s'immobilise et place sa queue sur le côté lorsqu'un mâle lui plaît. Cette attitude indique sans équivoque qu'elle est disposée à s'accoupler. Si vous ne souhaitez pas que votre chienne ait des petits, soyez vigilant durant cette période.

L'accouplement

Les personnes qui connaissent peu ou mal les chiens sont toujours surprises de voir les chiens rester « noués » l'un à l'autre pendant 15 à 30 mn durant l'accouplement. En aucun cas, il ne faut tenter de séparer brutalement les animaux, car cela provoquerait des lésions graves à l'un comme à l'autre.
La période de fécondité s'étend sur environ une semaine. Si, durant ces 7 jours, la chienne s'accouple avec plusieurs mâles, il peut arriver qu'elle donne naissance à des petits de races différentes.

La gestation

Au bout de 3 ou 4 semaines, l'examen clinique pratiqué par le vétérinaire confirme la gestation. À partir de la 6e semaine, la radiographie indique le nombre de chiots à naître. Depuis peu, certaines cliniques pratiquent également des échographies.
L'alimentation : chez la chienne, la gestation dure en moyenne de 60 à 65 jours. Durant cette période, elle devient plus calme, son appétit augmente et sa silhouette s'arrondit. Pour préserver sa santé et celle des petits, il est indispensable de la nourrir convenablement.

Lors de l'accouplement, le mâle et la femelle restent « collés » pendant 15 à 30 mn. Il ne faut les séparer en aucun cas !

Donnez-lui le double, voire le triple de sa ration alimentaire en temps normal. Sa nourriture doit lui fournir beaucoup de vitamines, de sels minéraux et d'oligo-éléments *(voir p. 10)*. Vous devez veiller, notamment en fin de gestation et durant la période d'allaitement, à augmenter la part de calcium. Vous trouverez chez le vétérinaire et dans les magasins spécialisés des compléments de vitamines et minéraux pour enrichir sa nourriture.
En fin de gestation, la chienne commence à faire son « nid ». Vous pouvez l'y aider en lui préparant une caisse de mise bas *(voir ci-dessous)*.

La grossesse nerveuse

(Voir p. 44.)

Les préparatifs de la mise bas

Pour mettre ses petits au monde et les élever, la chienne a besoin d'un coin tranquille où elle ne sera pas dérangée. Dès la gestation vous pouvez préparer à son intention une caisse de mise bas afin que la chienne s'y habitue.
La caisse de mise bas : vous pouvez la construire vous-même avec quelques planches. Pour les chiennes de petite taille, une grande corbeille fera l'affaire. Les bords de la caisse doivent mesurer le tiers de la hauteur des épaules de la chienne.
Le fond doit être suffisamment spacieux pour qu'elle puisse s'y étendre confortablement. Garnissez-le d'une couverture propre sans trous ni franges afin que les nouveau-nés ne s'entortillent pas dedans.
Pour maintenir une chaude température, installez une lampe à infrarouges avec une ampoule de 150 watt. Placez-la à 50 ou 80 cm au-dessus du fond de la caisse et fixez-la de façon que la chienne ne puisse pas la renverser. Cette lampe est importante, car le système de thermorégulation des chiots ne fonctionne pas encore. Pour éviter tout refroidissement fatal chaque fois que la mère quitte la caisse, il faut donc leur procurer une source constante de chaleur.

La mise bas

En principe, chez les femelles bien constituées, la mise bas se déroule sans problème et sans l'intervention humaine. Toutefois, certaines chiennes de petite race comme les yorkshires ou les pékinois ont besoin du concours de l'homme pour mettre bas. Si votre chienne fait partie de ce groupe à risque, parlez-en avec votre vétérinaire. Il se peut qu'il soit obligé de pratiquer une césarienne.

Les chiots batifolent sans relâche jusqu'à ce que leur mère se lasse de leurs coups de dents et de griffes.

La mise bas normale
La chienne expulse les chiots à des intervalles variables qui vont de 30 à 60 mn.
Après chaque naissance, elle déchire les enveloppes fœtales qui contiennent le nouveau-né, coupe le cordon ombilical avec ses dents et mange le placenta *(voir photos 1 à 4).*
Il est très important de la laisser faire : en effet, le placenta est un aliment nutritif riche en hormones qui favorisent la reprise du travail et la montée du lait. En léchant ses petits, la chienne stimule leur circulation sanguine. Ceux-ci viennent au monde aveugles, mais cela ne les empêche pas de se mettre aussitôt à téter goulûment.

Quand doit-on intervenir ?
Même lorsque la mise bas semble bien se dérouler, tenez-vous prêt à intervenir. La chienne peut avoir du mal à déchirer les enveloppes fœtales. Pour éviter que le petit n'étouffe, faites-le à sa place. Donnez le placenta à la mère et coupez le cordon avec des ciseaux à 2 ou 3 cm de l'ombilic. Placez le chiot près de sa mère pour qu'elle puisse faire sa toilette. Vous devez également intervenir s'il s'écoule plus d'une heure entre les naissances.
En principe, le vétérinaire a dû vous dire combien il y a de petits à naître. N'hésitez pas à l'appeler si tout à coup rien ne va plus.
Il est possible qu'un des chiots soit trop gros ou bloqué dans le passage vaginal.

L'élevage des chiots
Durant les quatre premières semaines, la chienne s'occupe de ses petits seule et avec beaucoup de dévouement. Votre rôle doit se borner à vous assurer que tous les petits ont suffisamment de lait et que les plus forts n'écartent pas les plus faibles.
Il faut savoir que durant les premiers jours qui suivent la mise bas, la mère sécrète un lait extrêmement riche, le colostrum, qui renforce les défenses immunitaires des chiots.
À partir de la 5ᵉ semaine, vous devez compléter leur alimentation et assurer la propreté de la caisse, car dès que les petits sont capables d'absorber de la nourriture solide, la mère cesse de manger leurs excréments.
À 6 semaines, vous devez vermifuger les petits ; après la seconde vermifugation, les petits reçoivent leurs premiers vaccins à 8 semaines *(voir p. 11).*
Entre 8 et 9 semaines, les chiots peuvent rejoindre leur nouvelle famille.

Le contrôle des naissances
Premier point : contrairement à l'idée répandue, il n'est pas vrai qu'une chienne doive, pour des raisons de santé, avoir des petits au moins une fois dans sa vie. Les raisons sont nombreuses pour qu'un

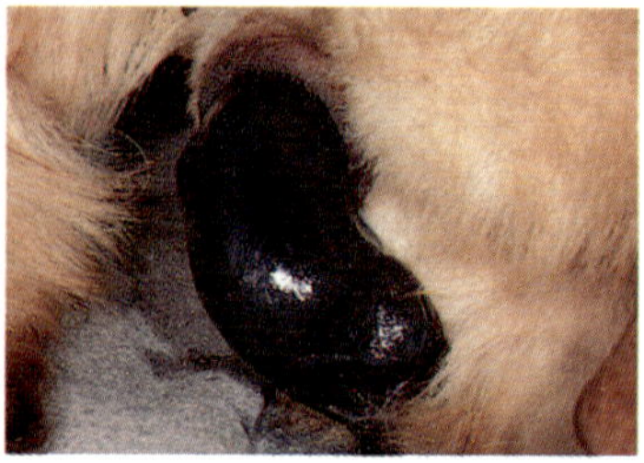

1. *Le nouveau-né expulsé est encore contenu dans les enveloppes fœtales qui contiennent le liquide amniotique.*

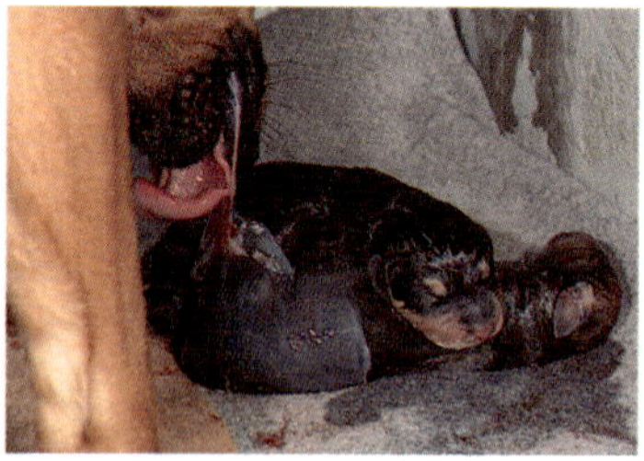

2. *Pour l'en délivrer, la mère déchire l'enveloppe avec ses dents. Si elle ne le fait pas, c'est à vous de le faire.*

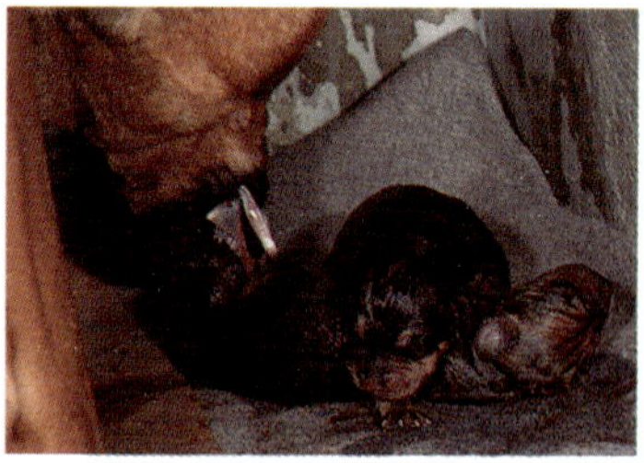

3. *La chienne sectionne le cordon ombilical avec ses dents puis fait la toilette de son petit.*

Après la mise bas, la femelle a les mamelles gonflées par une montée de lait.

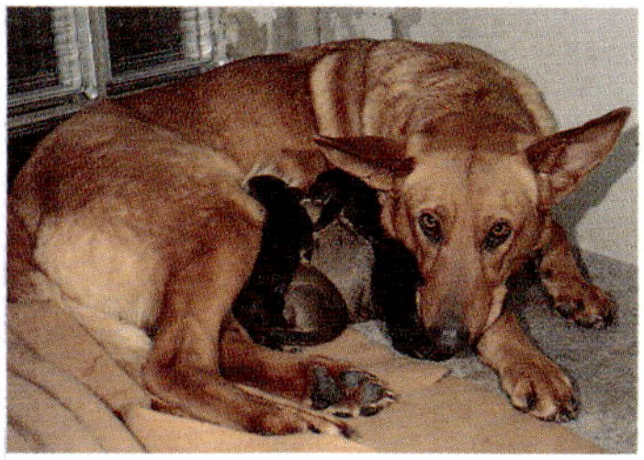

5. *Instinctivement, le nouveau-né cherche une tétine et se met à téter avec vigueur.*

propriétaire de chiens ne souhaite pas que sa chienne ait des petits — la première et non des moindres est que les refuges grouillent de chiens abandonnés.
Si donc vous ne souhaitez pas voir grandir une portée de petits, plusieurs solutions s'offrent à vous :

• Si le « mal » est déjà fait, le vétérinaire peut interrompre la gestation grâce à un traitement hormonal administré en 3 injections faites à 2 jours d'intervalle. En aucun cas ce traitement ne doit être appliqué après chaque période de chaleurs, car il provoque une inflammation de la matrice et l'apparition de kystes ou de tumeurs de l'ovaire.

• La prévention : il est possible d'empêcher l'apparition de nouvelles chaleurs grâce à une piqûre préventive que l'on renouvelle tous les 4 à 5 mois. Mais cette méthode est loin d'être parfaite, car l'administration répétée d'hormones augmente les risques d'apparition de métrites.

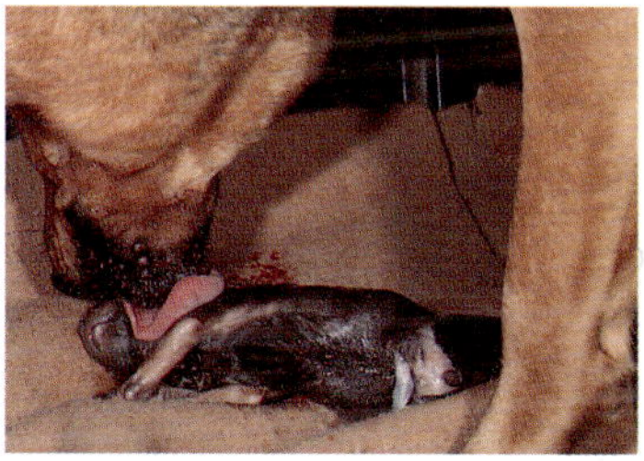

4. *En léchant son petit, la mère stimule sa circulation sanguine et ses fonctions vitales ; aussitôt, le chiot cherche les mamelles.*

• La castration demeure la mesure la plus sage lorsqu'on veut réprimer les chaleurs sur une longue période et empêcher la fécondation.
Chez les femelles, l'opération consiste à faire l'ablation des ovaires et de l'utérus. De ce fait, elle leur épargne souvent les infections de ces organes et permet de les garder en bonne santé jusqu'à un âge avancé.

• Après l'opération : la castration entraîne des modifications hormonales qui rendent les animaux plus gloutons. Aussi recommande-t-on de réduire leur ration alimentaire d'un tiers pour leur éviter l'embonpoint.

Le chien âgé

À partir de quand un chien est-il âgé ?

Une année de vie d'un chien représente plusieurs années de vie d'un homme. Ainsi la première année de vie correspond aux 15 premières années de la vie de l'homme, la deuxième année, à 8 ans et, à partir de la troisième, on multiplie chaque année par quatre *(voir tableau, p. 27).* En outre il existe une variation interraciale. Les grands chiens vivent moins vieux que les chiens des races petites ou moyennes. Les boxers, les dogues ou les saint-bernard vivent rarement plus de 10 à 12 ans, alors que les caniches, les teckels ou les fox-terriers atteignent allégrement 16 à 18 ans. De même, les chiens « nains » issus de l'élevage intensif ou de manipulations génétiques (yorkshire, caniche, spitz ou schnauzer) ont une espérance de vie plus courte que leurs cousins de taille moyenne.

La nourriture

Il est tout à fait normal que la nourriture ne profite pas autant à un chien âgé qu'à un animal jeune. En outre, l'âge retentit sur la digestion, les intestins, le foie et le pancréas qui deviennent plus paresseux (constipation, flatulences).

Les quantités : le chien âgé étant moins actif, il convient de réduire sa ration alimentaire. Comptez 200 g de nourriture par 10 kg de poids.

La composition :

- la ration doit privilégier les glucides (2/3) riches en vitamines et minéraux : riz, flocons, pommes de terre, pâtes ;
- la part de protéines doit être réduite (1/3). Elle doit être de qualité irréprochable et facile à digérer (viande maigre, volaille, poisson) ;
- les produits laitiers comme le fromage, le cottage-cheese ou les fromages à pâte molle, à faible teneur en matières grasses, sont également une excellente source de protéines.

L'embonpoint : il guette aussi le chien âgé. Vous pouvez de temps à autre remplacer la viande par de la panse ou du poumon. Donnez-lui également des compléments alimentaires pauvres en calories et riches en fibres, comme le son de blé.

Conseil : les chiens âgés étant prédisposés aux affections rénales, ajoutez toujours un peu de sel à la nourriture et parfumez-la avec du bouillon de viande, car une nourriture riche en glucides est insipide. En revanche, en cas d'affection cardio-vasculaire, ne la salez pas.

La boisson : un chien de 10 kg en bonne santé ne doit pas boire plus de 1/2 litre d'eau par jour (une soif anormale est souvent le signe d'une maladie). 75 % du liquide est apporté par la nourriture humide. Le reste (environ 12,5 cl) doit être fourni par de l'eau ou du thé noir sucré.
Si la nourriture est composée principalement d'aliments secs, comptez 1/4 de litre de boisson pour 10 kg de poids.

Les maladies dues à l'âge

Certes la vieillesse n'est pas une maladie. Mais comme chez l'homme, elle apporte son cortège de complications : problèmes articulaires, cardiaques, maladies de peau, maux chroniques, etc. Lorsqu'un chien vieillit, il a davantage besoin de son maître. Soyez donc attentif aux symptômes et ne différez pas la visite chez le vétérinaire.

Problèmes moteurs

L'âge venant, les articulations sont le point faible du chien. L'usure provoque l'arthrose *(voir p. 53),* et aussi des discopathies *(voir p. 54).*

Tableau de comparaison des âges

Chien	Homme
1 an	15 ans
2 ans	23 ans
3 ans	27 ans
4 ans	31 ans
5 ans	35 ans
6 ans	39 ans

Ensuite, 10 ans correspondent à 55 ans et 15 ans, à 75 ans.

On peut remarquer que lorsque le chien se lève après être resté longtemps couché, ses membres sont raides et engourdis. Il lui faut d'abord « s'échauffer ».
Comment aider votre chien : faites-le dormir au chaud en le couvrant d'un plaid, et veillez à ce que sa « literie » soit moelleuse et bien isolée du sol. Il est préférable de sortir le chien 3 ou 4 fois par jour pendant 1/4 d'heure plutôt que de le promener 1 heure. Enfin, lorsqu'il joue à la balle ou avec d'autres chiens, veillez à ce qu'il ne se fatigue pas trop.

Problèmes cardio-vasculaires
Le chien âgé est souvent prédisposé aux problèmes cardio-vasculaires. Il est donc primordial de lui éviter les efforts excessifs (jeux, montée des escaliers), les situations de stress ainsi que les grosses chaleurs.
Comment aider votre chien : réduisez son activité physique et bannissez absolument le sel de sa nourriture.

Maux chroniques des organes internes
Certains vieux chiens sont affectés d'insuffisance hépatique et d'insuffisance rénale chroniques, notamment s'ils ont été victimes auparavant d'infections ou d'intoxications. La maladie se manifeste par une soif décuplée, des vomissements occasionnels et des selles molles.
Comment aider votre chien : épargnez-lui les efforts ainsi que les situations de stress, et procurez-vous auprès du vétérinaire des aliments tout prêts et spécialement étudiés. Grâce à ces règles simples et un suivi médical régulier, les chiens atteints de maux chroniques peuvent vivre encore de belles années.

Troubles de l'équilibre hormonal
La chute symétrique des poils au niveau des flancs et des cuisses indique généralement un désordre hormonal. L'hypothyroïdie *(voir p. 49)* ou l'hyperfonctionnement des surrénales *(voir p. 50)* se rencontrent assez souvent chez les vieux chiens. Une soif anormale — un chien de 10 kg, en bonne santé, boit en moyenne 1/2 litre d'eau — est souvent le signal d'un début de diabète *(voir p. 50).*

Problèmes spécifiques des femelles
Si votre chienne n'est pas castrée, avec l'âge, les chaleurs auront tendance à devenir irrégulières, entraînant saignements prolongés, inflammation et suppuration de l'utérus *(voir p. 44).*
Comment aider votre chienne : si vous observez, 6 à 8 semaines après les chaleurs, des pertes vulvaires purulentes, une soif

Lorsqu'un chien souffre du cœur, il est préférable de réduire son activité physique.

anormale et une altération de l'état général, conduisez-la chez le vétérinaire. Par ailleurs, surveillez attentivement ses mamelles en les palpant à l'occasion des câlins, afin de déceler une éventuelle tumeur. Toute découverte suspecte doit vous amener à consulter au plus vite.

Problèmes spécifiques des mâles

Les mâles d'âge mûr souffrent souvent d'une hypertrophie de la prostate *(voir p. 42)*. Elle entraîne des constipations rebelles et une augmentation de la fréquence des mictions. Les urines sont teintées de sang.
Comment aider votre chien : le traitement le plus efficace est la castration.

Les soins du chien âgé

Pour que le « troisième âge » de votre chien se déroule normalement, vous devez lui prodiguer des soins attentifs et effectuer un suivi vétérinaire régulier.

Les soins d'entretien

Les affections dentaires et, plus généralement, de la cavité buccale sont fréquentes chez le chien âgé : tartre *(voir p. 30)*, parodontose, déchaussement des dents, pyorrhée. Vous pouvez y remédier par des mesures très simples. Habituez votre compagnon à ronger des os *(voir p. 8)* et, au besoin, nettoyez-lui les dents. Vous retarderez ainsi la formation du tartre. Il existe aujourd'hui dans le commerce et chez les vétérinaires des pâtes dentifrice spéciales et des brosses à dents. À l'occasion du bain ou des soins du pelage, palpez-le systématiquement pour rechercher les verrues, les nodosités et les tumeurs. De même, surveillez attentivement les oreilles et la zone uro-génitale. Tout écoulement suspect, toute masse anormale doit vous alerter et vous amener à consulter.

Contrôles préventifs

Grâce aux progrès de la médecine vétérinaire, l'espérance de vie de nos compagnons à quatre pattes augmente régulièrement. À cet égard, la prévention est primordiale. À partir de 8 ans, les problèmes de santé deviennent inévitables. Seul un diagnostic précoce permet au praticien de traiter l'animal efficacement. À l'occasion des rappels de vaccins chez le vétérinaire, celui-ci fera un examen complet de votre animal ou des analyses.
Ces quelques mesures, associées à vos soins attentifs, aux vaccins et aux vermifugations pourront prolonger de 2 à 3 ans l'espérance de vie de votre compagnon.

La dernière visite chez le vétérinaire

Si, malgré vos bons soins et la science vétérinaire, la vie de votre petit compagnon est devenue trop difficile, s'il est atteint d'une maladie incurable, mieux vaut l'euthanasier que de poursuivre un combat pénible et vain.
Le vétérinaire lui fera une injection qui lui procurera une mort rapide et sans angoisse. Après tant d'années passées en commun, votre ultime preuve d'amour sera de l'accompagner pour cette dernière visite, et de le tenir dans vos bras jusqu'à la fin.

Le jeu est un bon moyen de garder « jeune » un chien âgé et lui procure l'activité nécessaire.

La conformation du chien

1 Crâne
2 Maxillaire supérieur
3 Maxillaire inférieur
4 Vertèbres cervicales
5 Omoplate
6 Épaule
7 Bras
8 Coude
9 Avant-bras (radius, cubitus)
10 Métacarpe
11 Cage thoracique
12 Poignet
13 Genou
14 Métatarse
15 Jarret avec talon
16 Jambe (tibia, péroné)
17 Cuisse
18 Hanche
19 Vertèbres caudales
20 Bassin
21 Colonne vertébrale

Le squelette du chien

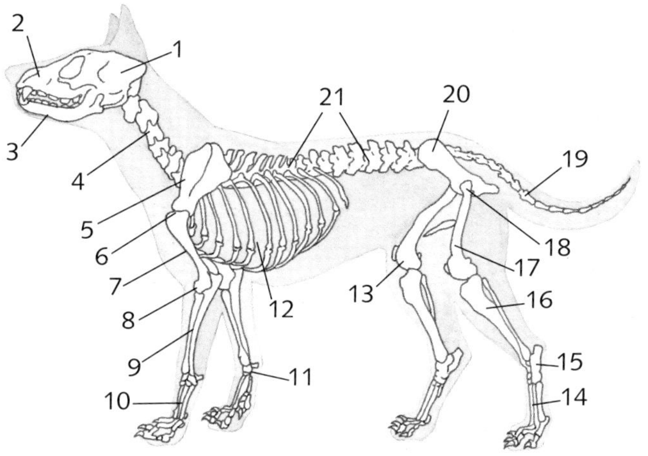

1 Pharynx
2 Langue
3 Trachée
4 Cœur
5 Foie
6 Rate
7 Intestin grêle
8 Pénis
9 Testicules
10 Canaux déférents
11 Rectum
12 Vessie
13 Uretère
14 Reins
15 Estomac
16 Poumon
17 Œsophage
18 Larynx

Les organes du chien

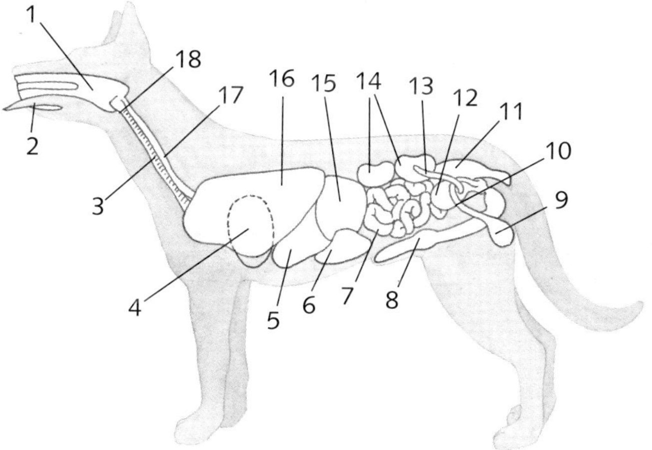

LES MALADIES DU CHIEN

Degré de gravité de chaque maladie indiqué selon le principe suivant : + : pas grave, + + : grave, + + + : très grave.

1 Maladies de l'appareil digestif

La cavité buccale, la gorge

Tartre dentaire et parodontose

Symptômes : haleine fétide, salive mêlée de sang, mastication difficile, dépôt plus ou moins dur à la base des dents allant du jaune au brun foncé.
Causes possibles : le tartre dentaire est provoqué par l'absorption d'aliments mous (en boîte). C'est un mélange durci de débris alimentaires, de bactéries et de sels calcaires contenus dans la salive. À la longue, il se forme de véritables dépôts calcaires (plaque dentaire) qui recouvrent molaires et canines.
Conséquences : l'entartrement favorise la gingivite et la rétraction des gencives (parodontose). Au bout d'un certain temps, il se produit un déchaussement des dents aboutissant à leur chute ou à leur extraction lorsqu'il y a formation de pus.
Gravité : ++
Soins : détartrage, prévention par dentifrices.

Fistule dentaire

Symptômes : gonflement (douloureux), juste au-dessous de l'œil, dû à la présence d'un abcès situé à la pointe d'une racine et qui perce à travers la peau vers l'extérieur. L'œil est souvent rouge.
Causes possibles : la fracture d'une canine. Elle se produit lorsque le chien joue avec des cailloux, des morceaux de bois ou de métal.
Conséquences : l'inflammation de la racine de la dent.
Gravité : +
Soins : extraction dentaire.

Excroissances et tumeurs de la gencive

Symptômes : mastication difficile, haleine fétide, salive parfois teintée de sang.
Causes possibles :
- Épulide : tumeur inflammatoire des gencives, qui peut être assez volumineuse pour gêner la mastication ;
- Papillome : petite tumeur bénigne des babines ou de la muqueuse buccale, d'origine infectieuse, que l'on rencontre surtout chez les jeunes chiens ;
- Tumeurs buccales : souvent malignes, elles siègent sur la muqueuse buccale, les mâchoires et les babines. Elles frappent surtout les chiens âgés et essaiment à distance (métastases).

Gravité : + (tumeurs : +++)
Soins : ablation chirurgicale.

Kyste salivaire (grenouillette)

Symptômes : tumeur molle placée sous la langue ou sous la mâchoire inférieure ; mastication difficile ; douleur locale.
Causes possibles : l'engorgement des voies excrétrices des glandes salivaires dû à un épaississement de la salive

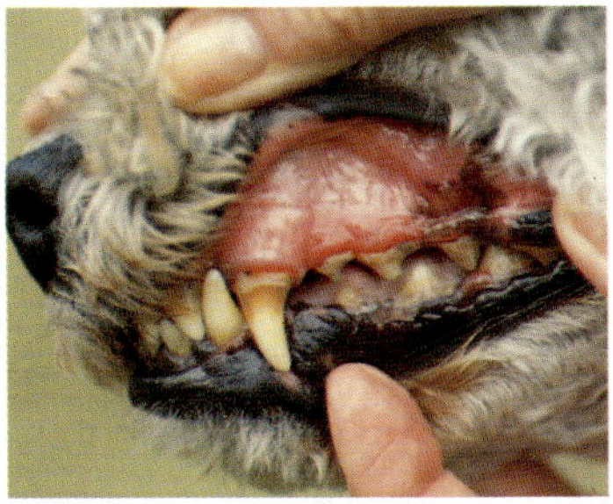

Parodontose : la gencive est enflammée et se rétracte.

est à l'origine de ces kystes spectaculaires.
Conséquences : risque d'inflammation et d'abcès.
Gravité : +
Soins : ponction ou ablation chirurgicale.

Piqûres d'insectes

Symptômes : démangeaisons soudaines (le chien se gratte le museau avec les pattes), hypersalivation, apparition d'un gonflement ; l'animal s'étrangle et vomit ; détresse respiratoire.
Causes possibles : une piqûre d'abeille, de guêpe ou de frelon dans la bouche ou le pharynx.
Conséquences : une réaction allergique entraînant un gonflement anormal des babines, de la langue et de la gorge. Plus la piqûre est profonde et plus le risque d'asphyxie est grand.
Gravité : ++
Soins : anti-inflammatoires.

Corps étranger dans la bouche et la gorge

Symptômes : salivation abondante (parfois teintée de sang) ; déglutition difficile ; vomissements ; gonflement de la langue ; le chien se frotte le museau avec la patte.
Causes possibles : il est possible qu'un corps étranger (os, bout de bois, arête) soit plaqué contre le palais ou planté dans la gorge.
Conséquences : un blocage de la mâchoire lorsque le corps étranger est coincé. Des accès de toux lorsqu'il est situé au niveau du pharynx ; l'animal fait des efforts constants pour vomir. À un stade plus avancé : risque d'inflammation et de suppuration des muqueuses lésées, formation d'un abcès dans la gorge. La langue enfle et devient bleue.
Gravité : ++
Soins : extraction rapide, antibiotiques.

L'œsophage

Corps étranger dans l'œsophage

Symptômes :
- Si l'animal vient de l'avaler : agitation soudaine, refus de nourriture, salivation abondante ; l'animal fait des efforts pour vomir.
- Si l'animal l'a avalé depuis quelque temps : vomissements occasionnels ; l'animal n'arrive à avaler que des liquides ou des bouillies et encore, avec difficulté ; hypersalivation ; accès de toux.

Causes possibles : ingestion d'un corps étranger pointu ou trop gros (balle, os, hameçon), qui obstrue partiellement ou complètement l'œsophage.
Conséquences : déshydratation de l'organisme causée par les vomissements répétés ; perte de poids ; apathie ; risque d'inflammation (œsophagite).
Gravité : +++
Soins : chirurgicaux.

Un morceau de bois s'est coincé entre les molaires.

L'estomac

Gastrite

Symptômes : vomissements brusques (parfois sanglants), coliques (gargouillements audibles), douleur abdominale, soif intense (mais l'animal vomit sitôt qu'il a bu), déshydratation.
Causes possibles : l'inflammation de la muqueuse de l'estomac peut être causée par des substances étrangères (intolérance aux médicaments, nourriture avariée, empoisonnement, présence d'un corps étranger dans l'estomac ou d'ascaris dans l'intestin) et par diverses maladies infectieuses comme la maladie de Carré ou la leptospirose *(voir pp. 55 et 56).* L'insuffisance rénale et l'insuffisance hépatique peuvent également être responsables d'une gastrite.
Conséquences : les vomissements répétés entraînent une déperdition d'acide chlorhydrique (hypochlorémie). Non traitée, la gastrite peut devenir chronique.
Gravité : ++
Soins : antivermifuges, pansements, antibiotiques, chirurgie en cas de corps étrangers.

Ulcère et tumeurs de l'estomac

Symptômes : vomissements chroniques avec présence de caillots de sang ; douleur abdominale survenant un peu après le repas ; appétit capricieux ; selles noirâtres.
Causes possibles : ulcération due à la surproduction de sucs gastriques, lors d'une gastrite, par exemple. L'origine des tumeurs est encore incertaine, mais semble favorisée par les inflammations chroniques.
Conséquences : anémie, hémorragies gastriques, amaigrissement, perforation de l'estomac avec péritonite aiguë *(voir p. 35).*
Gravité : ++
Soins : souvent chirurgicaux.

Torsion de l'estomac

Symptômes : plaintes, agitation, fortes douleurs abdominales, hypersalivation, l'animal fait de vains efforts pour vomir, il étouffe.
Causes possibles : le syndrome apparaît toujours après l'ingestion d'un copieux repas suivi d'exercices physiques. Sous l'effet de la fermentation des aliments, l'estomac se remplit de gaz et se dilate comme un ballon. Pris d'un mouvement de bascule, il effectue alors une rotation plus ou moins importante autour de son axe, qui empêche l'évacuation des gaz.
Conséquences : l'occlusion du tube digestif et du duodénum. L'estomac continue de se remplir de gaz et gonfle monstrueusement. La strangulation des vaisseaux entraîne l'interruption de la circulation sanguine, puis l'état de choc. La mort peut survenir en quelques heures.
Gravité : +++
Soins : chirurgie.

L'intestin

Occlusion intestinale

Symptômes : inappétence, vomissements, arrêt des selles, apathie, douleurs abdominales.
Causes possibles : on distingue les occlusions :
• par obturation : l'animal a avalé un corps étranger de petit taille. Il a franchi le pylore mais est resté bloqué dans l'intestin grêle ;

En jouant, les jeunes chiens peuvent avaler n'importe quoi. Pour éviter l'occlusion intestinale, mieux vaut leur donner un jouet en peau de buffle.

• par strangulation : volvulus (télescopage ou torsion de morceaux d'intestin) ou hernie *(voir p. 34)* ;
• par paralysie de l'intestin (iléus) : elles peuvent survenir après un empoisonnement ou une infection.
Conséquences : perforation de la paroi intestinale par le corps étranger ; péritonite ; mort de l'animal.
Gravité : +++
Soins : chirurgie.

Entérite aiguë
Symptômes : diarrhées, selles molles voire aqueuses, parfois mêlées de sang, vomissements, faiblesse générale, coliques, déshydratation, poussées de fièvre.
Causes possibles : l'inflammation de l'intestin grêle peut être causée par des virus (parvovirose), des infections bactériennes (salmonelles) ou des parasites (coccidies, *voir p. 55-56*).
Conséquences : les infections virales sont mortelles pour les jeunes chiens de moins de 6 mois.
Gravité : ++
Soins : antibiotiques, perfusions.

Entérite chronique
Symptômes : vomissements occasionnels ; inappétence, mais aussi boulimie ; amaigrissement ; pelage terne et hirsute ; selles variables avec parfois présence de vers, mais aussi de sang ; flatulences.
Causes et conséquences :
• une invasion de parasites (ascaris, ankylostomes, vers à fouet, ténia, *voir p. 57*) affaiblissant l'organisme de l'animal ;
• une invasion de la flore intestinale par des bactéries qui empêchent une digestion normale ;
• présence de corps étrangers (petits os, boutons...) qui obstruent partiellement l'intestin grêle, ralentissent le transit et provoquent des troubles digestifs ;
• l'insuffisance pancréatique ou une maladie du foie peuvent aussi être responsables d'une anomalie de la digestion intestinale. L'animal perd du poids malgré un appétit déculplé.
Gravité : ++
Soins : selon cause.

Le chien montre le « signe du traîneau » lorsqu'il a des vers ou que son anus est souillé.

Constipation
Symptômes : rareté des selles, l'animal a de la difficulté ou de la douleur à déféquer, il lèche son anus ; déshydratation.
Causes possibles : elles sont multiples : régime inapproprié (par exemple, une trop grande consommation d'os provoque un durcissement des matières fécales) ; troubles intestinaux ; insuffisance d'exercice physique, présence d'un obstacle (os, corps étranger) dans le tube digestif. Chez les chiens âgés, l'hypertrophie de la prostate provoque parfois une constipation rebelle.
Conséquences : fécalome avec obstruction intestinale, péritonite, abcès anal.
Gravité : +
Soins : laxatifs et selon cause.

Lorsque le chien est debout, on remarque la saillie arrondie que réalise la hernie.

Hernie

Symptômes : douleur intense, agitation, saillie arrondie au niveau du nombril, de l'aine ou du périnée.

Causes possibles : la hernie est le passage d'un organe hors de la cavité qui le contient, à travers un orifice naturel ou un point faible de la paroi. La hernie est favorisée par les efforts, les déchirures musculaires provoquées par un accident ou par les facteurs qui affaiblissent la paroi tels que des grossesses répétées, etc.

- La hernie ombilicale s'observe spécialement chez le chiot, dont le conduit ombilical a été mal fermé après la naissance.
- La hernie inguinale affecte le creux de l'aine.
- La hernie périnéale (zone uro-génitale) survient surtout chez les mâles âgés et fait souvent suite aux efforts pour déféquer, lorsqu'il y a une hypertrophie de la prostate *(voir p. 42).*

Conséquences : variables selon la taille.

Certaines hernies restent discrètes, d'autres peuvent prendre des proportions énormes qui vont jusqu'à entraver les mouvements et provoquer une occlusion intestinale *(voir p. 32).*

Gravité : +

Soins : chirurgie.

Abcès et tumeurs de l'anus

Symptômes : les poils de l'arrière-train sont collés ; écoulements sanglants ou purulents ; l'animal se frotte les fesses sur le sol (« signe du traîneau »), il se lèche et se mordille l'anus ; odeur nauséabonde.

Causes et conséquences :

- les glandes anales peuvent être obstruées par une sécrétion épaisse qui provoque l'inflammation et peut percer à gauche ou à droite de l'anus.
- les tumeurs de l'anus sont l'apanage des chiens âgés et sont le plus souvent bénignes.

Il arrive qu'elles percent la peau, donnant naissance à une plaie saignante en forme de cratère.

Gravité : +

Soins : désinfection et chirurgie.

Le foie

Les signes de l'atteinte du foie sont presque toujours les mêmes : fatigue, manque d'appétit, perte de poids, vomissements occasionnels, diarrhées avec des selles claires, soif intense, jaunisse, urines de couleur marron, apathie, incoordination des mouvements, vertige, crises épileptiques, coma hépatique.

Symptômes aggravants : jaunisse, gros foie (la région du foie est douloureuse), selles claires de couleur jaune terne, urines brun foncé, ascite (épanchement d'un liquide dans la cavité abdominale).

Ces symptômes se manifestent à l'occasion de deux maladies différentes :

- l'hépatite aiguë ;
- l'hépatite chronique.

Les tumeurs du foie sont rares mais toujours malignes. Il s'agit le plus souvent de métastases de tumeurs de la rate et du pancréas ou de métastases consécutives à une leucose *(voir p. 40).*

Hépatite aiguë

Causes possibles : l'hépatite aiguë peut être provoquée par des agents infectieux (virus, bactéries, parasites — *voir p. 55-56*) ou par des toxiques (médicaments, insecticides, poisons).

Gravité : ++

Soins : antibiotiques, corticoïdes, perfusions.

Hépatite chronique

Causes possibles : l'hépatite chronique peut être provoquée par une élévation du taux de cortisone dans le sang dû à un hyperfonctionnement des glandes surrénales *(voir p. 50)* ou bien à un traitement prolongé à la cortisone ; elle peut également être consécutive à un diabète, un empoisonnement, un engorgement chronique du foie, ou encore des troubles du métabolisme causés par une alimentation trop grasse.
Conséquences : l'hépatite chronique évolue généralement vers une dégénérescence du tissu hépatique (cirrhose, fibrose).
Gravité : ++
Soins : détoxiquants.

Le pancréas

Pancréatite chronique

Hormis la sécrétion d'hormones, le principal rôle du pancréas consiste à produire, stocker et libérer les enzymes digestives. Le dysfonctionnement de cet organe est responsable du diabète *(voir p. 50)* et l'inflammation (pancréatite), de troubles digestifs.
Les pancréatites aiguës sont rares mais elles évoluent le plus souvent vers la destruction du pancréas, mettant en jeu le pronostic vital.

Symptômes : le tableau clinique de la pancréatite chronique est marqué par un amaigrissement de l'animal (malgré un appétit décuplé), des selles graisseuses, une persistance des troubles digestifs avec vomissements occasionnels, des flatulences et de la diarrhée. L'état général ne semble pas fondamentalement altéré.
Causes possibles et conséquences : une diminution des sucs digestifs entraînant une maldigestion chronique.
Gravité : ++
Soins : compenser la déficience pancréatique. Administrer des enzymes du pancréas avant ou après les repas et trouver une alimentation facilement digestible.

Péritonite

Symptômes : altération de l'état général, fièvre élevée, vomissements, respiration accélérée, pouls rapide, douleur abdominale aiguë rendant tout mouvement pénible.
Causes possibles : l'infection du péritoine peut être consécutive à une perforation intestinale (corps étranger), une plaie de l'abdomen (accident), un abcès de la prostate, une pancréatite aiguë ou encore un pyomètre.
Conséquences : non traitée, la péritonite aboutit à la mort de l'animal en l'espace de quelques jours.
Gravité : +++
Soins : antibiotiques, chirurgie.

Il faut être particulièrement vigilant avec des chiots car ils sont souvent plus fragiles que leurs congénères adultes.

Maladies des voies respiratoires et du système circulatoire

Le nez, la gorge, la trachée

Rhinite

Symptômes : éternuement, écoulement nasal aqueux, devenant rapidement hémorragique et purulent, gêne respiratoire due à l'obstruction des voies nasales, l'animal respire par la bouche.
Causes possibles : l'inflammation de la muqueuse nasale est le plus souvent d'origine virale ou bactérienne.
Elle peut aussi être associée à des affections plus graves telles que la toux de chenil ou la maladie de Carré *(voir pp. 55 et 56).*
L'écoulement unilatéral indique la présence d'un corps étranger ou d'une tumeur dans la chambre nasale.
Conséquences : une rhinite chronique pouvant entraîner une détérioration des cavités nasales.
Gravité : +
Soins : anti-inflammatoires, anti-infectieux.

Pharyngite, amygdalite, laryngite

Symptômes : respiration proche du râle, « ronflement » s'accentuant à la chaleur, déglutition difficile, accès de toux avec expectoration, aboiements rauques, fièvre.
Causes possibles : l'inflammation peut être causée par de multiples facteurs : refroidissement, piqûre d'insecte *(voir p. 31),* présence d'un corps étranger ou d'une tumeur dans la gorge, affection virale ou bactérienne, agent chimique, paralysie des cordes vocales.
Elle frappe tout particulièrement les chiens à face plate, dont le pharynx est trop étroit.
Conséquences : lorsqu'elle devient chronique, l'amygdalo-pharyngite peut causer des atteintes du poumon ou de l'appareil digestif.
Gravité : +
Soins : anti-infectieux.

Trachéite

Symptômes : toux sèche et sonore, survenant en quintes, notamment lorsque l'animal tire sur sa laisse, qu'il respire de l'air froid ou boit de travers.
Respiration difficile proche du râle, surtout à l'inspiration.
Causes possibles : des tumeurs, des ganglions, ou encore des abcès dus à la présence de corps étrangers dans la gorge peuvent être à l'origine du rétrécissement ou de l'obstruction de la trachée.
Conséquences : un handicap respiratoire provoquant des quintes de toux incoercibles.
Gravité : +
Soins : antibiothérapie.

Les poumons, la cage thoracique

Bronchite, corps étranger dans les bronches

Symptômes : toux profonde, grasse, souvent sifflante, survenant en longues quintes ; détresse respiratoire, surtout à l'expiration ; expiration prolongée et sifflante.
Causes possibles : l'inflammation relève souvent d'une infection virale *(voir* Toux de chenil, *p. 56),* bactérienne ou parasitaire, et accompagne presque toujours une trachéite.
Elle peut aussi être causée par des facteurs environnants (pollution, fumée de cigarette…), une réaction allergique à une piqûre d'insecte ou une hypersensibilité aux médicaments ; enfin, elle peut être due à la présence de corps étrangers dans les bronches : herbes, épis, petits cailloux, échardes.

Conséquences : si les corps étrangers ne peuvent être expectorés avec la toux, la bronchite évolue en quelques jours vers une pneumonie purulente *(voir ci-dessous).* La bronchite allergique peut conduire à des crises d'asthme.
Gravité : ++
Soins : antibiothérapie.

Pneumonie
Symptômes : fièvre élevée (jusqu'à 41 °C) ; apathie ; toux grasse et souvent douloureuse, facile à déclencher lorsqu'on percute la région atteinte ; écoulement nasal purulent, conjonctivite ; respiration difficile et saccadée, fréquence respiratoire élevée.
Causes possibles : la pneumonie est l'inflammation aiguë du poumon. Elle fait suite la plupart du temps à une bronchite mal contrôlée ou à une maladie infectieuse comme, par exemple, la maladie de Carré. L'insuffisance cardiaque avec congestion pulmonaire, une blessure de la cage thoracique, une allergie ou encore la présence d'un corps étranger *(voir* Bronchite, *p. 36)* peuvent également provoquer une atteinte pulmonaire.

Conséquences : séquelles pulmonaires fréquentes, mort de l'animal.
Gravité : ++
Soins : décongestion, anti-infectieux.

Œdème pulmonaire
Symptômes : respiration difficile et douloureuse, essoufflement, toux, expectoration mousseuse s'écoulant par le nez et la bouche, muqueuses cyanosées (bleues), accélération des pulsations.
Causes possibles : inondation brutale des alvéoles pulmonaires par le plasma sanguin. L'œdème pulmonaire s'observe surtout dans les défaillances cardiaques gauches, mais il peut aussi être causé par une réaction allergique (piqûre d'insecte) ou une irritation chimique.

En cas d'inflammation de la gorge, mettez une écharpe chaude autour du cou de votre chien.

Conséquences : mort par asphyxie.
Gravité : +++
Soins : urgence vétérinaire.

Tumeurs du poumon
Le cancer « primitif » du poumon est assez rare. La plupart du temps, il s'agit d'un cancer « secondaire » dû à des métastases de cancers des mamelles ou des os. Elles sont visibles à la radio lorsqu'elles atteignent un certain volume (5 mm de diamètre). La chirurgie est inutile car elle ne ferait qu'accélérer la propagation du mal. Tant que le chien se porte à peu près bien, on se contente de le soutenir avec revitalisants, sinon mieux vaut abréger ses souffrances en l'euthanasiant.

Pleurésie, épanchements pleuraux
Symptômes : toux faible et douloureuse ; fièvre occasionnelle ; respiration accélérée, le plus souvent abdominale ; essoufflement.
Causes possibles : la pleurésie est une inflammation de l'enveloppe séreuse des poumons avec un épanchement de liquide. Elle résulte généralement d'une infection bactérienne, de lésions de la gorge par des corps étrangers ou de plaies du thorax consécutives à un accident ou une morsure.
Les épanchements pleuraux sont dus soit à une congestion

pulmonaire, soit à des lésions vasculaires, soit à des tumeurs intrathoraciques.
Conséquences : mort par étouffement.
Gravité : ++
Soins : ponctions, antibiotiques.

Pneumothorax

Symptômes : essoufflement sévère, accélération des pulsations, cyanose (coloration bleue) de la langue et des muqueuses.
Causes possibles : épanchement d'air dans la cavité pleurale par perforation de la plèvre. Celle-ci peut être consécutive soit à de petites lésions du tissu pulmonaire, soit à un accident traumatique au niveau du thorax.
Conséquences : mort par étouffement.
Gravité : +++
Soins : chirurgie.

Rupture du diaphragme

Symptômes : détresse respiratoire (l'abdomen se substitue au muscle défectueux dans les mouvements respiratoires), muqueuses bleues, vomissements occasionnels, éructation.
Causes possibles : la rupture du diaphragme peut être d'origine traumatique (accident) ou congénitale. Dans ce dernier cas, l'anomalie peut passer inaperçue pendant plusieurs années.
Conséquences : une remontée des organes abdominaux (estomac, intestin, rate, foie) dans la cage thoracique, qui entrave la respiration et peut conduire à la mort par étouffement.
Gravité : +++
Soins : chirurgie.

Les vaisseaux

Insuffisance valvulaire

Symptômes : accès de toux, surtout après l'effort ; fatigue, s'accentuant à la chaleur ; gonflement (œdème) des pattes et de l'abdomen ; agitation, surtout la nuit ; parfois, perte de connaissance.
Causes possibles : cette affection cardio-vasculaire acquise survient à partir de l'âge de 5 ans.
Elle se caractérise par un défaut de la conduction nerveuse dans le muscle cardiaque, affectant la transmission de l'influx des oreillettes aux ventricules. On parle alors de « bloc ».
Conséquences : le bloc gauche est responsable de l'œdème pulmonaire *(voir p. 37).* Le bloc droit provoque un reflux dans l'abdomen par la veine cave, entraînant d'abord l'augmentation du volume du foie et de la rate, puis un épanchement liquidien (ascite).
Gravité : ++
Soins : voir un vétérinaire spécialiste en cardiologie.

Le cœur

Cardiopathies congénitales

Ces affections sont très rares (seulement 5 % des troubles cardio-vasculaires) et se rencontrent chez certaines races :

- la persistance de l'arc aortique, qui provoque une insuffisance cardiaque, se rencontre surtout chez les bergers allemands, les caniches, les colleys et les labradors ;
- la sténose (rétrécissement) de l'aorte frappe surtout les boxers et les bergers allemands ;
- la sténose (rétrécissement) de l'artère pulmonaire affecte les boxers, les bouledogues anglais, les beagles, les fox-terriers et les chihuahuas.

Gravité : ++
Soins : la chirurgie est parfois possible.

Endocardite, myocardite, péricardite

Symptômes : les mêmes que ceux de l'insuffisance valvulaire *(voir ci-contre),* ainsi que de la fièvre.
Cause possible : dans la plupart des cas, l'inflammation est due à une agression microbienne.
Conséquences :

- L'endocardite provoque souvent des dégâts valvulaires entraînant une insuffisance cardiaque *(voir ci-dessus).*
- La myocardite, lorsqu'elle n'est pas mortelle, laisse des

Les chiens de petite race comme les teckels sont sujets à la thrombose et à l'artério-sclérose. L'activité physique et une nourriture saine permettent de les maintenir en forme.

séquelles irréversibles avec troubles du rythme cardiaque.

• La péricardite résulte souvent d'une infection chronique avec pleurésie.

En cas d'épanchement, le cœur, comprimé, est entravé dans son fonctionnement.

Gravité : ++

Soins : voir un spécialiste.

Thrombose

Les maladies des vaisseaux sanguins et lymphatiques jouent un rôle secondaire chez le chien. Elles sont aussi très difficiles à déceler par le propriétaire, car le chien ne se plaint pas.

Symptômes : la région atteinte est douloureuse, pâle et froide, avec impression d'insensibilité, d'engourdissement. (Ces symptômes se manifestent aussi lorsqu'un membre est trop serré par un bandage ou un garrot.) Vertiges, perte d'équilibre, regard absent, comportements « aberrants » (l'animal se terre dans un coin, il ne trouve pas sa nourriture) indiquent une mauvaise irrigation du cerveau.

Causes possibles : la thrombose est l'obstruction d'un vaisseau sanguin par un caillot de sang, un corps gras (embolie graisseuse) ou un corps étranger (larves de parasites) en migration.
Conséquences : un blocage de la circulation sanguine dans la région dépendant de l'artère bouchée. Les conséquences sont donc très variables selon les cas.
Gravité : ++
Soins : vasodilatateurs, oxygénateurs cérébraux.

Le sang

Anémie

On entend par anémie la diminution du nombre ou de la qualité des globules rouges dans le sang.
Symptômes : pâleur des muqueuses (conjonctive, babines), pouls accéléré, fatigue à l'effort, extrémités froides, apathie, perte de connaissance. Selon l'origine de l'anémie, le tableau clinique peut aussi réaliser des diarrhées hémorragiques, des urines foncées, une coloration jaune des muqueuses, et de la fièvre.
Causes possibles : hémorragie importante à la suite d'un accident ; la diminution du nombre de globules rouges peut être causée par une infection, un parasite, un empoisonnement ou une maladie auto-immune.
Le défaut de production de globules rouges peut être dû à une

Le sang
Le sang est le véhicule de toutes les substances vitales grâce aux cellules du plasma. Les globules rouges (hématies) assurent le transport de l'oxygène aux tissus, les globules blancs (leucocytes) jouent un rôle capital dans la lutte anti-infectieuse. Le sang est un élément vivant et complexe qui peut être gravement perturbé par les maladies.

carence en fer, à de sévères affections du foie et des reins ou à l'envahissement de la moelle épinière par des tumeurs, des hormones et des médicaments.
Conséquences : l'anémie met en jeu le pronostic vital.
Gravité : ++
Soins : transfusion, vitamines B12, corticoïdes vétérinaires obligatoires.

Leucose, leucémies

On les désigne sous le terme général de « cancer du sang ».
Symptômes : ils varient selon le type de tumeur, de l'organe touché et de la présence de métastases.
• Augmentation du volume des ganglions, surtout dans la région du cou. Le poumon, l'intestin, le foie ou la rate peuvent être métastasés. Apathie, perte d'appétit, amaigrissement, anémie, jaunisse, pâleur des muqueuses, vomissements, diarrhées, faiblesse.
Causes possibles : le cancer du sang est caractérisé par une prolifération du nombre de globules blancs, consécutive à une activité anormale des ganglions lymphatiques et de la moelle osseuse. Les cellules cancéreuses peuvent être exportées soit par la circulation sanguine, soit par la voie lymphatique vers d'autres organes où elles se multiplient et donnent naissance à des métastases.
Conséquences : le cancer du sang est incurable.
Gravité : +++
Soins : chimiothérapie.

Tumeurs de la rate

Symptômes : apathie, anémie (muqueuses pâles), augmentation du volume de l'abdomen, fièvre légère. L'abdomen est le plus souvent tendu et douloureux. L'augmentation brutale du volume de l'abdomen indique le saignement d'une tumeur.
Conséquences : les tumeurs de la rate sont la plupart du temps malignes et, dans 70 % des cas, elles envahissent les tissus voisins (foie, poumon, cœur, rein).
Gravité : ++
Soins : chirurgie.

La rate, un organe vital
La rate est, avec la moelle épinière, l'organe le plus important dans la production de l'hémoglobine et des anticorps. Elle joue aussi un grand rôle dans le stockage et la destruction des globules rouges vieux. D'où sa vulnérabilité au cancer.

3 Maladies des voies urinaires et des organes génitaux

L'appareil urinaire

Inflammation aiguë de l'urètre et de la vessie

Symptômes : urines troubles teintées de sang, parfois mêlées de mucus, de concrétions sableuses et de caillots. L'animal demande souvent à sortir, il lève la patte sans succès. Mictions douloureuses.
Causes possibles : il s'agit souvent d'une infection d'origine bactérienne. Elle touche l'urètre puis la vessie. Les chiennes semblent plus disposées à cette affection, du fait de la petitesse de leur urètre. Mais elle concerne aussi les vieux chiens qui souffrent d'une hypertrophie prostatique, et entraîne une insuffisance rénale chronique.
Gravité : ++
Soins : antibiotiques, antispasmodiques.

Calculs urinaires (vessie, urètre, reins)

Symptômes : traces de sang et de concrétions dans les urines ; l'animal lève constamment la patte, sans succès ; diminution, voire arrêt de l'émission d'urines.
Causes possibles : formation de concrétions fines et sableuses ou de pierres (calculs) pouvant atteindre la taille d'une prune. Ces concrétions insolubles peuvent léser les parois vésicales et provoquer des hémorragies constantes. Chez les mâles surtout, les petits calculs qui font bouchon dans l'urètre rendent les mictions très douloureuses.

Troubles urinaires

Symptômes : émission d'urines involontaire (incontinence), difficile (l'animal urine quelques gouttes) ou impossible.
Causes possibles : l'incontinence concerne surtout les chiennes âgées et castrées. Elle peut aussi être due à une cystite, une hypertrophie de la prostate, un trouble nerveux secondaire à une hernie discale ou un trouble du comportement entraînant un relâchement des muscles du sphincter de la vessie dans une situation de stress.
Gravité : +
Soins : selon cause.

Insuffisance rénale aiguë

Symptômes : diminution ou suppression de la sécrétion urinaire, soif intense, urines de couleur foncée ou teintées de sang ; la région lombaire est douloureuse au toucher, l'abdomen est dur. Fièvre, lorsqu'il y a inflammation. L'animal vomit même s'il a l'estomac vide ; mauvaise haleine ; apathie ; refus de nourriture.
Causes possibles : l'insuffisance rénale aiguë peut être due à :
- un choc consécutif à un accident, accompagné d'une hémorragie importante ;
- des vomissements importants et des diarrhées ;
- une affection sévère de la cavité abdominale (péritonite, pyomètre) ;
- un empoisonnement causé par des métaux (mercure, arsenic, plomb, cadmium, thallium) ou de l'antigel (glycol) ;
- une obstruction des voies urinaires par des calculs.

Conséquences : l'insuffisance rénale aiguë peut être mortelle.
Gravité : ++
Soins : urgence vétérinaire.

Insuffisance rénale chronique

Symptômes : soif intense, urines abondantes, vomissements, selles molles et de couleur foncée, amaigrissement, pelage hirsute, l'haleine du chien a une odeur d'urine, apathie, hypothermie, engourdissement ou excitabilité, selon les cas.
Causes possibles : l'insuffisance rénale chronique peut être consécutive à des lésions d'origine inflammatoire ou infectieuse *(voir* Leptospirose, *p. 56)* du tissu rénal, ou à diverses maladies.

Conséquences : augmentation de l'urée sanguine (urémie) ; décalcification.
Gravité : ++
Soins : régime, anti-anémiques, perfusions.

Les organes génitaux du mâle

Adénome prostatique

Symptômes : constipation rebelle, difficultés urinaires (le chien demande souvent à sortir), urines mêlées de sang et de pus, fièvre, douleurs abdominales.
Causes possibles : l'hypertrophie de la prostate qui affecte les chiens mâles à partir de 7 ans est généralement la conséquence d'un désordre hormonal. Elle s'accompagne souvent d'une inflammation et d'un rétrécissement du rectum.
Conséquences : la dilatation de la prostate peut conduire à une inflammation chronique de la vessie et des reins et favoriser le développement d'abcès et de kystes. Les efforts que l'animal fait pour déféquer provoquent parfois la rupture du périnée *(voir p. 34).*
Gravité : ++
Soins : injections d'anti-androgènes.

Inflammation des testicules

Symptômes : la ou les glandes sont enflées, rouges et douloureuses au toucher ; fièvre ; refus de nourriture ; démarche raide avec les pattes arrière écartées.
Causes possibles : contusion, traumatisme causé par une morsure ou un accident ; infection bactérienne.
Conséquences : formation d'abcès purulents.
Gravité : +
Soins : anti-infectieux.

Tumeurs des testicules

Symptômes : il n'est pas rare d'observer le grossissement d'un des testicules chez les chiens âgés de plus de 6 ans. Mais si ce phénomène s'accompagne d'une chute des poils, de démangeaisons sur tout le corps et d'une hypertrophie des glandes mammaires, il peut s'agir d'un cancer.
Causes et conséquences : lors du développement du chiot, il peut arriver qu'une des glandes (parfois les deux) ne soit pas descendue correctement dans le scrotum. Vers l'âge de 5 ou 7 ans, elle commence à produire des hormones femelles (œstrogènes), provoquant ainsi une féminisation du chien mâle. Les tumeurs situées sur les testicules normalement placés entraînent souvent des problèmes de prostate.
Gravité : ++
Soins : chirurgie (castration).

Hypersexualité

Symptômes : agressivité, l'animal chevauche des personnes ou des coussins, il marque son territoire, il fugue.

Le marquage répété du territoire et les fugues peuvent être les signes d'une hyperactivité sexuelle.

Cause possible : une surproduction d'hormones mâles qui peut être favorisée par des tumeurs des testicules *(voir p. 42).*
Conséquences : inflammation du prépuce et adénome prostatique chez les chiens âgés *(voir p. 42).*
Gravité : +
Soins : anti-androgène.

Impuissance et stérilité

Symptômes : impossibilité de s'accoupler ; l'animal est vite fatigué après quelques tentatives.
Causes possibles : elles sont très variées : l'animal peut être soit sous-alimenté, soit obèse ; il peut avoir une faiblesse de l'arrière-train ; il peut également s'agir de problèmes circulatoires, de troubles hormonaux, d'une affection des organes génitaux ; enfin, l'impuissance peut avoir une cause psychique (par exemple, lorsque l'animal est inexpérimenté ou, lorsqu'à l'occasion de la saillie, il se retrouve dans un environnement inconnu).
Gravité : +
Soins : selon cause.

Les organes génitaux de la femelle

Vaginite

Symptômes : écoulement purulent, parfois mêlé de sang, au niveau de la vulve, obligeant la chienne à se lécher fréquemment ; gonflement de la vulve avec parfois prolapsus de la muqueuse vaginale vers l'extérieur ; démangeaisons, la chienne se frotte le derrière sur le sol (« signe du traîneau »).
Causes possibles : cet état inflammatoire peut être dû à une bactérie et frappe parfois de jeunes chiennes avant leurs premières chaleurs. Il peut aussi être causé par des germes transmis lors de l'accouplement ou encore à des tumeurs de la vulve.
Conséquences : l'inflammation peut gagner l'utérus *(voir p. 44).*
Gravité : +
Soins : antibiotiques, soins locaux.

Mammite

Symptômes : les mamelles produisent des sécrétions séreuses sanguinolentes. Elles sont enflées, chaudes et douloureuses au toucher.
Causes possibles : l'inflammation peut être causée par une infection bactérienne, une grossesse nerveuse ou par les coups de griffes des chiots.
Conséquences : abcès mammaire.
Gravité : +
Soins : anti-inflammatoires (pommades), antibiotiques.

Tumeurs mammaires

Symptômes : présence de nodules sur les mamelles.
Causes possibles : environ 50 % des tumeurs de la chienne sont des tumeurs mammaires. Toutes ne sont pas malignes, fort heureusement. Ces tumeurs frappent surtout les chiennes âgées (à partir de 9 ans). Les grossesses multiples, les lactations nerveuses à répétition *(voir p. 44)* et les traitements hormonaux destinés à réprimer ou à interrompre les chaleurs sont autant de facteurs favorisant l'éclosion de tumeurs de la mamelle.
Gravité : ++
Soins : chirurgie.

Les tumeurs mammaires apparaissent surtout sur les mamelles postérieures.

Prévention des tumeurs mammaires
Si votre chienne commence à prendre de l'âge, profitez des câlins pour détecter la présence d'éventuels nodules en contrôlant soigneusement chaque mamelle. Il est également recommandé de faire faire un dépistage préventif deux fois par an. La faire opérer dès apparition des nodules.

Cette chienne, qui souffre de grossesse nerveuse, a jeté son dévolu sur un jouet qu'elle prend pour son chiot.

Absence de chaleurs
Symptômes : les chaleurs ne surviennent pas, bien qu'il n'y ait aucun signe de maladie.
Causes possibles : l'absence de chaleurs peut être causée par un dysfonctionnement du système reproducteur. Elle peut aussi être consécutive à l'administration d'hormones contraceptives.
Gravité : +
Soins : hormonaux.

Chaleurs trop longues
Symptômes : écoulement de sang, gonflement de la vulve, chute des poils, pelage terne et hirsute, démangeaisons.
Causes possibles : perturbation au niveau du système ovarien ou de l'hypophyse.
Conséquences : inflammation et suppuration de l'utérus.
Gravité : +
Soins : hormonaux ou chirurgicaux.

Inflammation et suppuration de l'utérus
Symptômes : écoulement purulent et nauséabond au niveau de la vulve (pas systématique) ; soif intense, apathie, fièvre, manque d'appétit, vomissements, faiblesse des pattes arrière ; gonflement progressif de l'abdomen.
Causes possibles : il semble que l'inflammation (endométrite) et la suppuration (pyomètre) de l'utérus soient dues à un dysfonctionnement hormonal et aux traitements hormonaux que l'on utilise pour réprimer les chaleurs ou interrompre une gestation.
Conséquences : affections hépatiques et rénales, péritonite.
Gravité : ++
Soins : chirurgie (hystérectomie).

Grossesse nerveuse
Symptômes : 6 à 8 semaines après les chaleurs, on observe un gonflement des tétines et un écoulement de lait. La chienne fait son « nid » et défend ses jouets comme s'il s'agissait de chiots ; elle devient agressive, se terre dans son coin, l'appétit diminue ou augmente, selon les cas.
Causes possibles : il peut arriver qu'une chienne qui n'attend pas réellement des petits présente tous les symptômes d'une grossesse et se mette à secréter du lait deux mois après les chaleurs, c'est-à-dire à la date supposée de la mise bas.
Conséquences : lorsque ces lactations sont à répétition, cela engendre une inflammation des mamelles et, avec l'âge, le développement de tumeurs mammaires.
Gravité : +
Soins : anti-laiteux, sédatifs psychiques.

4 Les maladies des organes sensitifs

Les yeux

Conjonctivite

Symptômes : conjonctive rouge et enflée, larmoiements abondants, sensibilité à la lumière ; les paupières gonflent, car l'animal frotte son œil irrité, la membrane nictante gonfle également et recouvre une partie de l'œil.
Notez que ces symptômes s'observent pour presque toutes les maladies des yeux.
Causes possibles : le vent, l'obstruction des canaux lacrymaux, des allergies, des corps étrangers (sable, poussière, pollen), des microbes peuvent être à l'origine d'une inflammation de la conjonctive.
Conséquences : une conjonctivite chronique, fréquemment associée à l'inflammation de la membrane nictitante.
Gravité : +
Soins : collyres.

Maladies des paupières

Symptômes : conjonctivite *(voir ci-contre).*
Causes et conséquences :
• Entropion : retournement de la paupière inférieure vers l'intérieur. Le frottement des cils et des poils irrite la cornée.
• Ectropion : retournement de la paupière inférieure vers l'extérieur.
• Orgelet : furoncle de la glande sébacée annexée à un cil.
• Chalazion : petite tumeur due aux glandes siégant à l'intérieur de la paupière.
Ces deux dernières affections entraînent une conjonctivite purulente.
Gravité : ++
Soins : rectification chirurgicale.

Saillie de la glande de Harder

Symptômes : petite masse de couleur rose, siégant au coin interne de l'œil ; larmoiements abondants.
Causes possibles : sous la membrane nictante, également appelée troisième paupière, siège une glande qui gonfle parfois, recouvrant alors une partie de l'œil *(voir illustration ci-contre).*
Gravité : +
Soins : ablation chirurgicale.

Kératite (inflammation de la cornée)

Symptômes : opacification de la cornée qui prend une coloration bleuâtre ou laiteuse. L'inflammation de la cornée est très souvent associée à la conjonctivite.
Causes possibles : elle peut être d'origine traumatique (coups, blessures, corps étrangers, produits chimiques) ou microbienne. L'animal se frotte l'œil, ce qui aggrave l'infection et peut provoquer un ulcère de la cornée.
Conséquences : si l'ulcère perfore la cornée, l'œil s'écoule.
Gravité : ++
Soins : collyres spécifiques. Chirurgie en cas d'ulcère.

Cataracte

Symptômes : opacification et durcissement du cristallin ; pupille dilatée ; il n'y a pas de larmoiements.

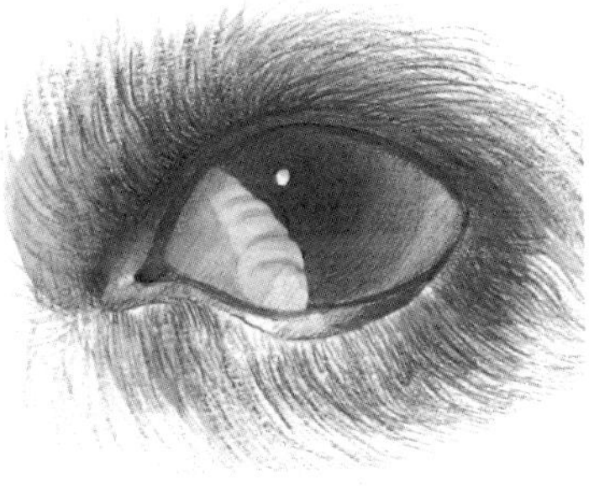

La troisième paupière recouvre une partie de l'œil.

Causes possibles : la cataracte est le plus souvent congénitale ; elle peut aussi être consécutive à diverses affections de l'œil (atrophie progressive de la rétine, luxation du cristallin), mais aussi à un traumatisme ou une infection. Elle frappe principalement les chiens âgés ou diabétiques.
Conséquences : baisse de l'acuité visuelle jusqu'à la cécité ; glaucome.
Gravité : ++
Soins : chirurgie ophtalmologique.

Atrophie rétinienne
Symptômes : ils se manifestent d'abord par une baisse de la vision nocturne, puis de la vision diurne ; les pupilles sont dilatées.

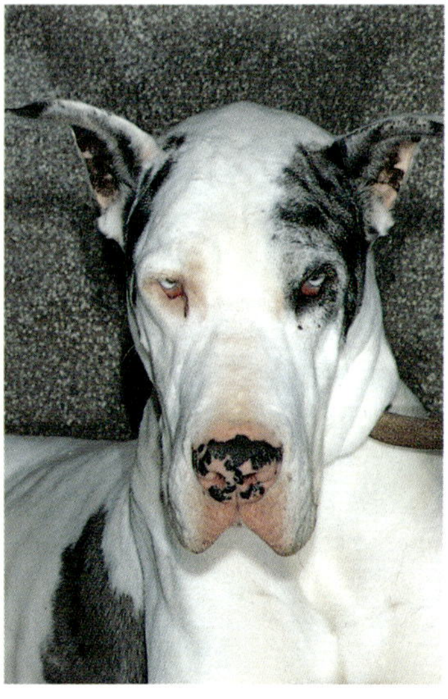

Ce dogue allemand est atteint de conjonctivite.

Causes possibles : maladie héréditaire ; atrophie progressive de la rétine (PRA).
Conséquences : baisse de l'acuité visuelle jusqu'à la cécité.
Gravité : +++
Soins : aucun.

Glaucome
Symptômes : augmentation du volume de l'œil, la pupille se dilate et donne l'impression que le fond de l'œil est vert. La cornée est opaque, l'œil est rouge, le chien larmoie abondamment.
Causes possibles : la cataracte ou l'atrophie rétinienne obligent la pupille à se dilater pour capter plus de lumière. Mais cette dilatation empêche l'élimination des liquides internes comme l'humeur aqueuse et augmente la tension oculaire. Le glaucome peut aussi être consécutif à une blessure, une inflammation ou une tumeur.
Gravité : ++
Soins : du domaine du vétérinaire ophtalmologiste (collyres, diurétiques).

Les oreilles

Otite de l'oreille externe
Symptômes : l'animal secoue la tête et la penche sur le côté, il se gratte instinctivement et ne se laisse examiner l'oreille qu'avec réticence ; écoulement de sérosité et de pus.
Causes possibles : l'inflammation peut être due à divers facteurs : acariens de l'oreille, champignons, bactéries, verrue, bouchon de cérumen, tumeur, blessure, corps étranger.
Gravité : ++
Soins : gouttes, pommades.

Hématome du pavillon
Symptômes : gonflement brutal du pavillon de l'oreille avec hématome.
Causes possibles : il arrive parfois qu'une poche sanguine se forme entre la peau et le cartilage du pavillon, lorsque l'animal se secoue la tête violemment. En se choquant l'une contre l'autre, les oreilles provoquent une rupture des vaisseaux, d'où l'épanchement de sang à l'intérieur des tissus.
Conséquences : atrophie du pavillon.
Gravité : +
Soins : chirurgie.

5 Maladies de la peau et des glandes hormonales

La peau

Chute des poils

La chute des poils, localisée ou généralisée, a des origines diverses.

Causes et conséquences :

- les puces et les allergies provoquent souvent, du fait des démangeaisons, des alopécies accompagnées d'eczéma ;
- la chute peut résulter d'une carence en zinc ou en acides gras ;
- elle peut être consécutive à une maladie grave ou une situation de stress (invasion de vers, infection, mise bas) ;
- les troubles hormonaux provoquent une chute symétrique des poils au niveau des flancs et des cuisses ;
- les mycoses occasionnent des dépilations localisées, la peau présente alors une coloration foncée ;
- un empoisonnement au thallium (raticide) peut entraîner une alopécie généralisée ;
- l'absence de poils peut être un critère d'élevage : chien nu de Chine.

Gravité : +

Soins : selon origine.

Dermatoses bactériennes

Le mot « eczéma » recouvre tout un ensemble d'inflammations cutanées associées à des facteurs déclenchants ou favorisants.

Symptômes : rougeurs, pustules, boutons, eczéma suintant, chute des poils.

Causes et conséquences :

- des démangeaisons aiguës causées par des parasites (puces, poux), piqûre d'insecte, allergies, lésions cutanées ; l'eczéma se localise au niveau des hanches, de la naissance de la queue, de la tête et du cou que le chien lèche et gratte vigoureusement ;
- l'inflammation de la peau au niveau des plis (pyodermite) s'observe chez certaines races (shar-peï, bouledogue) ;
- l'excès de séborrhée est à l'origine de l'inflammation des follicules pileux : la folliculite ;
- les doigts et les espaces interdigitaux peuvent être le siège de suppuration et d'abcès à la suite de la pénétration d'un corps étranger (épine, écharde, etc.).

Gravité : +

Soins : locaux et généraux, hygiène alimentaire.

Mycoses

Symptômes : il peut s'agir de plaques dépourvues de poils, de cercles rosés prurugineux ; les poils peuvent être arrachés très facilement, la peau se desquame ; les démangeaisons sont aggravées par les lésions de grattage.

Causes et conséquences : affection de la peau due à des champignons microscopiques ou des levures.

Conseil : les mycoses sont transmissibles à l'homme. Lavez-vous soigneusement les mains après avoir touché votre chien.

Gravité : aucune.

Soins : antimycosique.

Parasitoses

Symptômes : démangeaisons et eczéma, surtout localisés au niveau de la tête, du cou et du dos.

Causes possibles : une invasion de parasites (puces, poux), que l'on peut déceler à l'œil nu.

Les nombreux plis et replis de la peau prédisposent le shar-peï à la pyodermite.

• Les puces vivant exclusivement sur le chien sont des parasites fréquents qui perforent la peau de l'animal pour en aspirer le sang *(voir p. 56).*

• Les poux : de couleur blanchâtre, ils se nichent de préférence dans les replis de la peau (cou, oreilles).

• Les tiques infestent surtout la tête et le cou, et peuvent atteindre la taille d'un petit pois lorsqu'elles sont gorgées de sang.

Conséquences : eczéma de grattage avec chute des poils. La puce est souvent l'hôte intermédiaire du ténia canin *(Diphlidium caninum)* ; les tiques transmettent une grave maladie du sang, la toxoplasmose.

Gravité : ++

Soins : antiparasitaires appropriés.

Gale

Symptômes :

• La gale sarcoptique : démangeaisons intenses ; formation de nodosités et de croûtes au niveau de la tête et des membres, s'étendant par la suite à tout le corps. Rougeurs, plaques de croûtes, lésions de grattage, dépilations localisées.

• La gale démodécique : elle se manifeste dans les débuts par de petites taches rouges, légèrement desquamées, situées dans des zones dépourvues de poils, principalement sur la tête et les membres. Elle frappe surtout les jeunes chiens. Par la suite, on observe l'apparition de pustules purulentes, de rougeurs, de petits boutons et de zones sans poils surtout près des yeux, des babines, des oreilles et aussi sur les pattes.

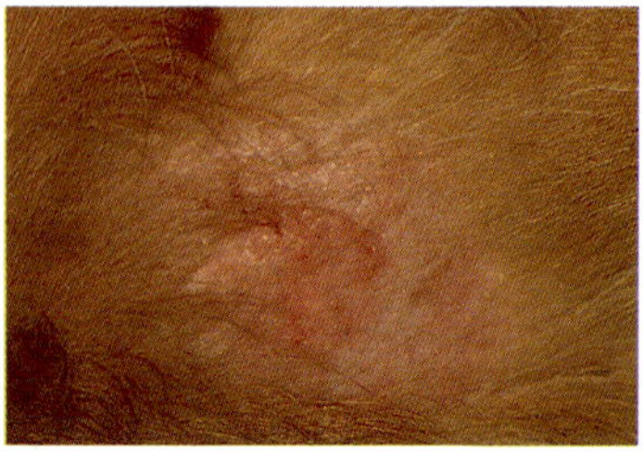

La gale se traduit par une peau rougeâtre et croûtée.

Causes et conséquences :

• La gale démodécique : affection de la peau, due à un parasite acarien *(Demodex canis)* qui vit dans l'orifice des follicules pilo-sébacés. Sans danger pour l'homme, elle se transmet généralement à la naissance par la mère. Latente, mais sans danger à ce stade, elle peut se développer surtout chez les jeunes chiens souffrant de déficience immunitaire.

• La gale sarcoptique : affection de la peau, due à un parasite acarien : *Sarcoptes cani.* Elle provoque un eczéma important (l'animal se gratte et se mord violemment), s'accompagnant d'alopécies circonscrites et de suppurations cutanées. Attention : la gale sarcoptique est contagieuse pour l'homme et les animaux.

Gravité : +

Soins : bains.

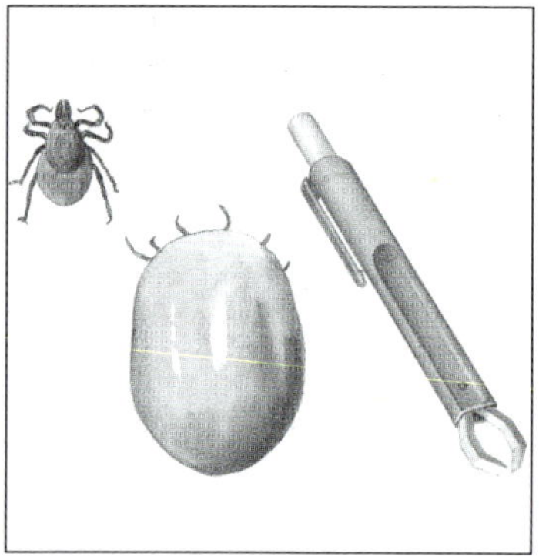

Éliminez les parasites à l'aide d'une pince à tiques.

Allergie par contact direct

Symptômes : rougeurs et démangeaisons dans la région irritée. Apparition de petites cloques, de zones humides, de croûtes, surtout sur les zones moins fournies en poils (ventre, intérieur des cuisses, aisselles, périnée). Les allergies sont plus fréquentes du printemps à l'automne.

Causes possibles : l'inflammation cutanée apparaît 1 à 3 jours après le contact avec la substance allergisante : peinture, détergents, produits chimiques, insecticides (collier antipuces), etc.

Conséquences : aggravation des symptômes par le grattage et le léchage ; eczéma humide.

Gravité : aucune.

Soins : désensibilisants.

Allergie par contact indirect

Symptômes : démangeaisons et rougeurs localisées d'abord au niveau de la tête et du cou,

et s'étendant ensuite à tout le corps. Dans les cas d'urticaire, on observe l'apparition de petites cloques et de papules de taille variable, parfois étendues en vastes placards.
Causes possibles :
- la nourriture : l'allergie peut être causée par certains aliments (viande, œufs, aliments secs) ; elle se manifeste d'abord par de la diarrhée ;
- l'inhalation : l'allergie survient surtout chez des sujets ayant une hérédité allergique. Les allergènes responsables sont le plus souvent le pollen, les plumes, les poussières de maison, les cheveux et les pellicules des hommes ou des autres animaux ; chez le chien, la réaction se manifeste au niveau de la peau, rarement par un « rhume des foins » ;
- la crise d'urticaire apparaît souvent à la suite d'une piqûre d'insecte ou de chenille processionnaire (dans le midi de la France), mais elle peut aussi être déclenchée par des aliments, des médicaments et des produits inhalés.

Conséquences : l'animal se lèche, se gratte et se mord violemment ; eczéma aigu *(voir p. 47)* avec des zones humides et l'apparition de croûtes.
Gravité : aucune.
Soins : anti-allergiques.

Tumeurs de la peau

Symptômes : excroissances siégeant sous la peau. Elles se rencontrent le plus souvent sur la tête, le cou et le dos.
Causes et conséquences : la peau du chien est le siège de kystes (généralement des kystes sébacés) pouvant atteindre la taille d'une balle de ping-pong et susceptibles d'éclater. La rupture du kyste donne naissance à une plaie purulente en forme de cratère.
Gravité : aucune.
Soins : chirurgie.

Pour protéger le ventre de votre chien, confectionnez-lui un « pyjama » dans un vieux T-shirt.

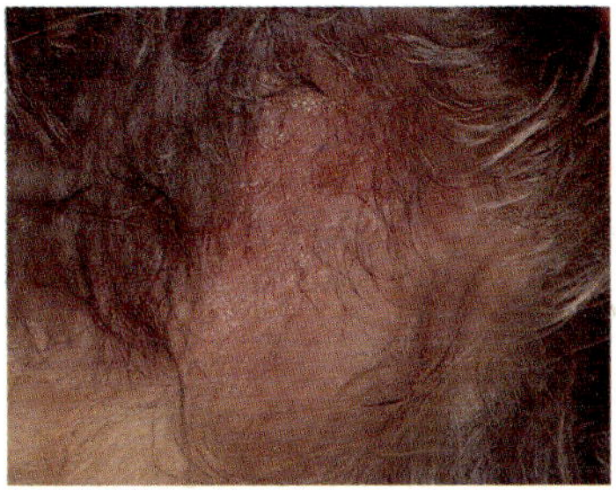

Dermatite canine.

Les glandes hormonales

Hypothyroïdie

Symptômes : chute symétrique des poils avec pigmentation de la peau au niveau des flancs, des cuisses, à la naissance de la queue et sur le dos du museau ; desquamation importante ; séborrhée ; la peau présente un aspect spongieux et sec ; à ce tableau (ensemble de symptômes) s'ajoutent une fatigue importante, un état léthargique, une hypothermie et une augmentation de l'appétit engendrant l'obésité.
Causes possibles : l'hypofonctionnement peut relever d'un trouble congénital, d'une inflammation, d'une blessure ou d'une tumeur de la glande.
Conséquences : l'insuffisance thyroïdienne congénitale entraîne le nanisme ; faible espérance de vie.
Gravité : ++
Soins : traitement du ressort du vétérinaire.

Le petit morceau de sucre
Le chien diabétique est menacé par l'accès hypoglycémique (chute du taux de glucose) qui survient au moindre excès d'insuline, ou lorsque l'animal n'a pas mangé après sa piqûre.
Les troubles sont divers : nervosité, tremblements, abattement, troubles de l'équilibre, engourdissement des membres, coma.
L'hypoglycémie nécessite toujours un traitement d'urgence. Dans les cas bénins, il suffit de lui donner tout de suite un morceau de sucre. On peut aussi lui faire boire de l'eau sucrée ou lui mettre un peu de miel sur la langue. Dans les cas plus graves, le vétérinaire injectera une solution glucosée en intraveineuse.
Lorsqu'on promène un chien diabétique, il faut toujours emporter avec soi des morceaux de sucre.

Syndrôme de Cushing : abdomen distendu et chute des poils.

Hyperthyroïdie

Symptômes : amaigrissement, soif intense, agitation, excitabilité, halètement incessant, tremblements musculaires, accélération du pouls ; légère augmentation de la température centrale, l'animal recherche les places fraîches.
Causes possibles : augmentation du métabolisme de base due à l'hypersécrétion des hormones thyroïdiennes. Elle s'associe la plupart du temps à un cancer thyroïdien.
Conséquences : les tumeurs de la thyroïde sont rares chez le chien mais lorsqu'elles sont malignes, elles essaiment très souvent à distance (métastases).
Gravité : ++
Soins : traitement du ressort du vétérinaire.

Hyperfonctionnement des surrénales

Symptômes : chute symétrique des poils au niveau du tronc ; la peau présente un aspect pigmenté avec inflammation des follicules pileux (folliculite) ; soif intense, urines abondantes, augmentation de l'appétit, surcharge graisseuse des tissus ; l'abdomen est distendu *(voir illustration ci-contre)* suite au grossissement du foie ; lassitude, diminution de la force musculaire, tremblements, hypothermie.
Causes possibles : hyperfonctionnement des surrénales (syndrôme de Cushing). Les surrénales sont deux petites glandes endocrines situées sur le sommet des reins et qui sont à l'origine des corticostéroïdes, hormones qui jouent un rôle important dans le métabolisme. L'hyperfonctionnement des surrénales peut être provoqué par une surproduction d'ACTH, une hormone secrétée par l'hypophyse et qui stimule les surrénales.
Les tumeurs sont rares (10 %).
Gravité : ++
Soins : traitement du ressort du vétérinaire.

Hypofonctionnement des surrénales

Symptômes : manque d'entrain, inappétence, amaigrissement, fatigue générale, vomissements, diarrhées, troubles circulatoires avec pouls variable, démarche titubante, effondrement.
Causes possibles : l'insuffisance surrénale (maladie d'Addison) peut être consécutive à un accident, une infection, une tumeur mais aussi à une situation de stress ou à l'arrêt brutal d'un traitement corticoïde prolongé.
Conséquences : troubles circulatoires aigus pouvant conduire à des états de choc et à une mort brutale.
Gravité : ++
Soins : traitement du ressort du vétérinaire.

Diabète

Symptômes : soif décuplée, urines abondantes ; manque d'énergie, léthargie ; perte

de poids malgré l'augmentation de l'appétit.
Au stade final : amaigrissement, pelage terne, démangeaisons ; le ventre pend du fait de l'augmentation du volume du foie ; cataracte, surtout chez les sujets d'âge moyen ou avancé.

Causes possibles : le diabète *(Diabetes mellitus)* a pour cause une grave diminution de la production d'insuline par le pancréas, entraînant un mauvais métabolisme des sucres ou hydrates de carbone.
Conséquences : une augmentation du taux de sucre (glycémie) dans le sang, qui bouleverse tout le métabolisme. Les atteintes secondaires frappent de nombreux organes : cœur, reins, foie, yeux. L'animal est généralement condamné.
Gravité : ++
Soins : insuline, régime.

Le contact avec les éléments extérieurs (comme le soleil ou l'eau) favorise la robustesse du pelage. Dans les cas de maladies relatives à un dysfonctionnement des glandes hormonales, il n'y a pas de contre-indications.

6 Maladies de l'appareil locomoteur et du système nerveux

Les troubles de la croissance de l'os

Dysplasie de la hanche

Symptômes : boiterie unilatérale ou bilatérale, l'animal a des difficultés pour passer de la position couchée à la position debout, douleurs, démarche vacillante et incertaine, vices d'aplomb (pattes en X).
Causes et conséquences : la dysplasie de la hanche est une déformation héréditaire de l'articulation coxo-fémorale qui atteint les chiens de grande taille. Cette tare est décelable à la radiographie. Le mauvais fonctionnement de l'articulation est cause de fatigue à la marche. Il fait apparaître des lésions précoces d'arthrose et peut aboutir à une luxation de la hanche. L'animal devient peu à peu paralysé et le moindre mouvement lui cause de grandes douleurs.
Gravité : ++
Soins : chirurgie.

Nécrose de la tête du fémur

Symptômes : paralysie unilatérale de l'arrière-train survenant chez les sujets jeunes (entre 5 mois et 1 an).
Causes et conséquences : vice de formation congénital, très fréquent chez les chiens de petite race comme les yorkshires, les chihuahuas ou les shi-tzus, et qui conduit à la nécrose de la moitié supérieure de la tête du fémur dans l'articulation de la hanche.
Gravité : ++
Soins : chirurgie.

Le rachitisme

Le rachitisme (carence en vitamine D) est devenu très rare sous nos latitudes, car l'industrie alimentaire élabore aujourd'hui pour nos petits compagnons des aliments tout prêts, enrichis en vitamines. L'ostéoporose qui s'observe chez les chiens exclusivement nourris de viande n'a rien à voir avec le rachitisme. Elle résulte du manque de calcium et de l'excédent de phosphore des protéines d'origine animale (viande et produits laitiers). Elle peut être corrigée par des apports calciques.

Luxation de la rotule

Symptômes : ils apparaissent entre 4 et 6 mois et se traduisent au début par une boiterie intermittente du membre touché. Par la suite, le chien maintient sa patte en flexion de plus en plus souvent. On note un épaississement de l'articulation du genou qui devient douloureux. L'animal se déplace, le dos voûté, en sautillant sur trois pattes.
Causes et conséquences : ce vice de formation est d'origine congénitale. L'usure de l'articulation de la cuisse provoque un déplacement de la rotule vers la face interne du membre. La difficulté locomotrice provoque de l'arthrose.
Gravité : +
Soins : chirurgie.

Les modifications de l'os

Ostéochondrite

Symptômes : douleur et paralysie provoquées par l'inflammation des articulations (épaule, coude, genou, jarret). Cette affection dégénérative frappe surtout les races de grande taille, à partir de 6 mois.
Causes et conséquences : présence de fragments cartilagineux libres qui entraînent des blocages articulaires et de l'arthrose.
Gravité : +
Soins : chirurgie ou traitement anti-inflammatoire.

Ostéomyélite

Symptômes : fièvre élevée ; le membre atteint augmente de volume, il est plus chaud et douloureux au toucher ; apparition de plaies suintantes ; paralysie.
Causes possibles : une inflammation de l'os et de la moelle, consécutive à l'infection d'une fracture ouverte.
Gravité : ++
Soins : antibiotiques, curetage.

Arthrite

Symptômes : paralysie, rougeur et gonflement de l'articulation atteinte ; fièvre, apathie, perte de l'appétit.
Causes et conséquences : une infection microbienne des articulations. Celles-ci s'infectent par inoculation de germes lors de plaies articulaires, ou bien par voie sanguine.
L'arthrite infectieuse provoque la destruction du cartilage articulaire et un enraidissement de l'articulation.
Les affections auto-immunes *(voir p. 40)* entraînent aussi chez les chiens des lésions d'arthrite rhumatismale.
Gravité : ++
Soins : anti-inflammatoires, antibiotiques.

Arthrose

Symptômes : paralysie des membres atteints, surtout après une longue station couchée ; les troubles semblent s'amender lorsque l'animal se déplace, mais après l'effort, ils reviennent avec encore plus d'acuité.
Causes possibles : l'arthrose peut être due à une inflammation aiguë des articulations, une malformation congénitale *(voir* Dysplasie de la hanche, *p. 52)* ou une ostéochondrite *(voir p. 52),* mais aussi à l'usure naturelle de l'articulation.
Gravité : ++
Soins : anti-inflammatoires.

Tumeurs osseuses

Symptômes : tuméfaction douloureuse de l'os ; paralysie du membre atteint. Les tumeurs de la colonne vertébrale présentent les mêmes symptômes que la hernie discale.
Causes et conséquences : les tumeurs de l'os sont généralement malignes et tendent à essaimer à distance (métastases). Elles affectent surtout les chiens de grande taille.
Gravité : +++
Soins : aucun.

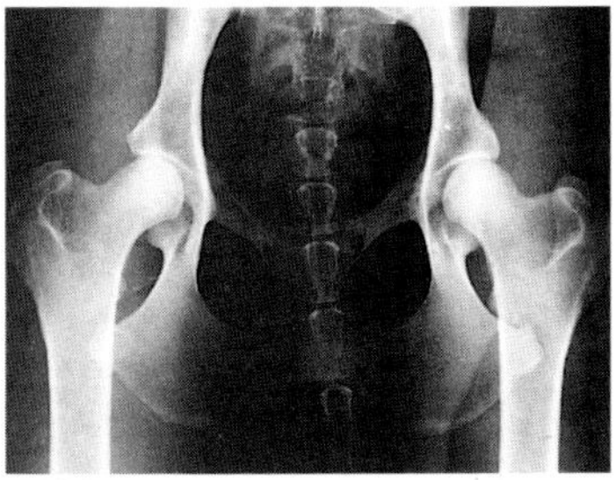

Radio d'une hanche saine : la tête du fémur s'emboîte parfaitement dans la cavité cotyloïde du bassin.

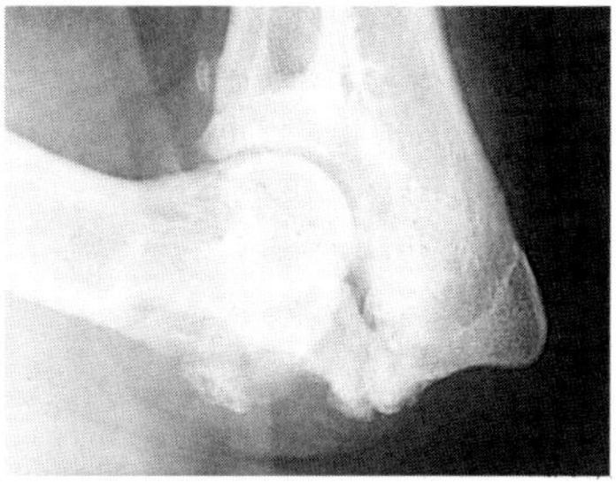

Arthrose du coude : avec le temps, l'usure naturelle de l'articulation entraîne des modifications douloureuses.

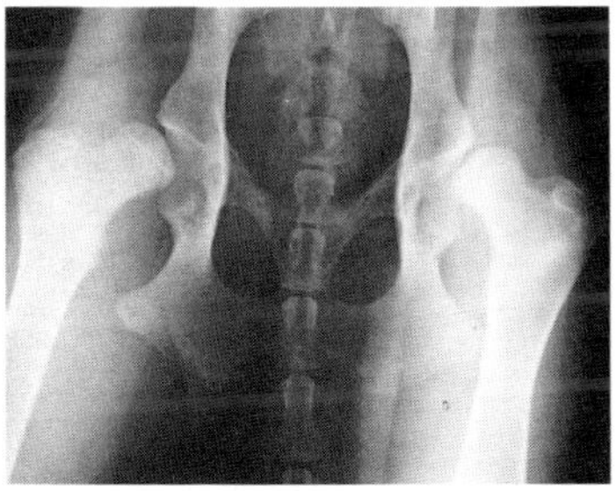

Radio d'une dysplasie de la hanche : la tête du fémur ne s'emboîte plus dans la cavité cotyloïde du bassin.

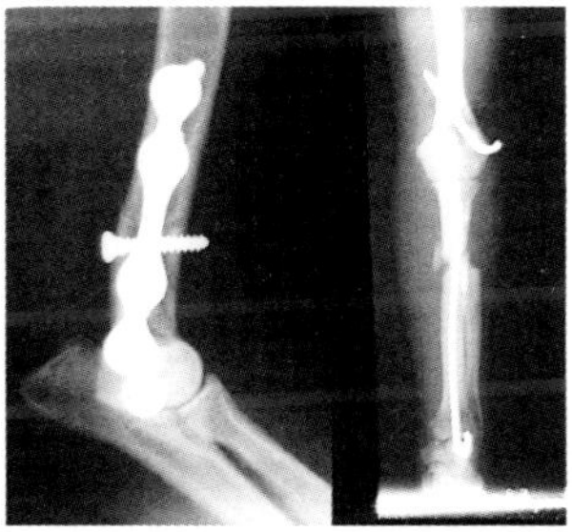

Contention par la pose de clous ou de broches. Cette chirurgie peut apporter un mieux-être à l'animal.

Hernie discale

Symptômes :

• Dans les cas bénins : le chien refuse de monter les escaliers, hésite à sauter sur le canapé ; il crie lorsqu'il lève la patte ; il fait le « gros dos » et marche difficilement.

• Dans les cas plus graves : l'animal pousse un cri et son arrière-train se paralyse brutalement (les pattes sont d'abord raides et contractées, et ensuite molles).

Causes possibles : la hernie discale est la saillie que fait un disque hors de son logement intervertébral, comprimant ainsi la moelle épinière. Elle affecte surtout les races dites chondrodystrophiques (teckel, basset...) dont le dos est démesurément long, et peut survenir chez le chiot dès l'âge de 5 mois. Dans le cadre du vieillissement normal, on la rencontre chez les chiens âgés de plus de 10 ans.

Gravité : ++

Soins : médicaux ou chirurgicaux.

Ossification de la colonne vertébrale

Symptômes : au début, l'animal fait le dos rond, il a du mal à se lever, il marche difficilement ; la région lombaire est douloureuse au toucher. Au stade avancé, on note une faiblesse du train arrière et une atrophie musculaire.

Causes possibles : souvent rencontrée chez les mêmes races (boxers, dogues, etc.).

Conséquences : une calcification de la colonne vertébrale (spondylose) entraînant une faiblesse des pattes arrière. Le chien ne peut plus se lever.

Gravité : ++

Soins : anti-inflammatoires.

Le système nerveux

Épilepsie

Symptômes : au début, le chien tombe au sol et perd connaissance, son corps est raide, sa tête tirée vers l'arrière ; ensuite, ses mâchoires claquent et l'animal bave abondamment ; il pédale dans le vide, ne contrôle plus ses selles ni ses urines ; ses pupilles sont dilatées, sa langue est bleue pendant la phase de blocage respiratoire.

Causes possibles : l'épilepsie peut être déclenchée par n'importe quel phénomène cérébral anormal : encéphalite, méningite, traumatisme, tumeur, affection vasculaire cérébrale. Les convulsions peuvent également être causées par une hypoglycémie *(voir* Diabète, *p. 50),* par de graves affections du foie ou bien des reins *(voir pp. 34, 41)* ou même par un empoisonnement (strychnine, insecticides).

Gravité : ++

Soins : anti-épileptiques.

Si un chien est atteint de maladie affectant l'appareil locomoteur, ménagez-le et évitez de le faire courir.

7 Les grandes maladies du chien

Les maladies infectieuses

Les maladies infectieuses sont d'origine bactérienne ou virale. Elles sont généralement contagieuses. Non traitées, elles aboutissent le plus souvent à la mort de l'animal. Fort heureusement, il existe aujourd'hui des vaccins contre les maladies les plus dangereuses. Pour protéger votre chien, faites-le vacciner absolument *(voir* Calendrier des vaccinations, *p. 11).*

Maladie de Carré

Maladie virale très contagieuse répandue dans le monde entier. Elle affecte les chiens de tous âges mais surtout les plus jeunes.
Développement de la maladie : la maladie de Carré évolue en deux temps ; la première phase se caractérise par une forte fièvre (41 °C) qui se maintient durant 24 à 48 h, puis chute brutalement (39 °C). Elle se traduit par de l'apathie, une perte d'appétit, des diarrhées et une forte conjonctivite. À ce stade, la maladie passe souvent inaperçue. C'est seulement après une pause de 4 à 7 jours, durant laquelle l'animal semble aller mieux, que survient l'infection bactérienne, avec forte fièvre, vomissements, toux persistante et écoulements nasaux purulents. Cette gastro-entérite s'accompagne presque simultanément d'une broncho-pneumonie et, après quelques semaines, le tableau clinique se complique d'une méningite. Cette forme nerveuse de la maladie, qui se traduit par des contractions musculaires permanentes ou, au contraire, une paralysie, est absolument incurable. Mieux vaut abréger les souffrances de l'animal en l'euthanasiant.
Gravité : +++
Soins : sérums, antibiotiques. Vaccination indispensable.

Hépatite contagieuse

(ou maladie de Rubarth)
Maladie virale contagieuse transmise par l'urine et répandue dans le monde entier.
Développement de la maladie : infection aiguë avec forte fièvre et apathie pouvant entraîner la mort en quelques heures. Lorsque l'évolution est lente, les symptômes sont proches de ceux de la maladie de Carré. L'organisme de l'animal est affaibli par une broncho-pneumonie doublée d'une gastro-entérite. Le symptôme typique est la congestion brutale des muqueuses buccales et des yeux. On remarque également une opacification de la cornée qui prend une couleur bleutée. L'inflammation du foie provoque un gonflement de l'abdomen et de fortes douleurs.
Gravité : ++
Soins : sérum, antibiotiques. Vaccination indispensable.

Parvovirose

Maladie virale apparue au début des années 80 et qui affecte tout particulièrement les jeunes chiens âgés de 6 semaines à 6 mois. Elle est très proche de la péritonite infectieuse féline.
Développement de la maladie : vomissements incoercibles, diarrhées hémorragiques et nauséabondes, déshydratation de l'organisme, forte fièvre alternant avec des périodes d'hypothermie, tremblements, apathie, perte d'appétit, douleurs abdominales, coliques. En fait, ce virus déclenche une inflammation aiguë de l'intestin grêle, qui détruit progressivement la muqueuse de l'intestin. Chez les chiots âgés de 4 à 10 semaines, la mort peut survenir en 48 heures. Dans les cas difficiles, la maladie peut durer de 1 à 2 semaines. Si le chien

parvient à passer le cap de la première semaine, ses jours sont hors de danger.
Gravité : +++
Soins : perfusions, pansements. Vaccination indispensable.

Rage

Cette maladie virale mortelle affecte tous les animaux à sang chaud, y compris l'homme. Il est obligatoire de la signaler à votre vétérinaire, pour qu'il la déclare aux services compétents.
Développement de la maladie : la rage se transmet par la salive d'animaux malades (chiens, loups, renards…) par suite de morsures. L'animal enragé est généralement condamné. Le virus rabique attaque le tissu nerveux et provoque une inflammation cérébrale. L'incubation est silencieuse et il peut s'écouler de 14 jours à 1 an entre la contamination et l'apparition des premiers signes cliniques.
Évolution classique :

- Le chien présente des troubles du caractère (de quelques heures à 3 jours après la morsure). Il est imprévisible, anxieux, agité, il aboie et mord sans raison, il se gratte à l'endroit de la morsure.
- Forme « furieuse » (de 1 à 4 jours après la morsure) : le chien manifeste une agressivité démentielle avec hypersalivation et convulsions épileptiques. Il est incapable de s'alimenter et mord tout ce qui est à sa portée (objets, pierre, etc.). Il hurle à la mort.
- Dépression avec affaiblissement progressif et paralysie ; la mort survient après 3 ou 4 jours.

À côté de la forme « furieuse », il existe aussi une forme « muette ». Le chien a un regard inquiet et des pupilles inégalement dilatées ; il bave sans contrôle et sa mâchoire inférieure est pendante. La mort survient au bout de 2 à 4 jours.
Gravité : +++
Soins : aucun.

Leptospirose

Infection causée par des bactéries appelées leptospires. Elle se transmet principalement par les puces des souris et des rats et passe parfois du chien à l'homme.
Développement de la maladie : vomissements, diarrhées, soif intense, jaunisse, troubles du système nerveux central, toux, détresse respiratoire. Dans certains cas, on constate aussi une atteinte des reins, du foie, de l'appareil digestif, des poumons, du cœur, du cerveau ou des yeux.
Gravité : ++
Soins : antibiotiques, perfusions.

Toux de chenil

Infection des voies respiratoires causée par des virus, y compris celui de la grippe de l'homme.
Développement de la maladie : toux sèche et quinteuse indiquant une trachéo-bronchite ; écoulements nasaux purulents, conjonctivite, voix rauque. Cette maladie s'observe principalement dans les chenils et les pensions pour animaux, notamment au printemps et en automne.
Gravité : ++
Soins : antibiotiques, aérosols.

Les maladies parasitaires

Il existe deux sortes de parasites :

- les ectoparasites (puces, poux, acariens, tiques) qui vivent à l'extérieur de l'organisme hôte, et provoquent une réaction allergique de la peau et de fortes démangeaisons *(voir pp. 47 à 49)* ;
- les endoparasites (parasites internes) qui logent dans le système digestif ou d'autres organes et sont à l'origine de maladies chroniques de ces organes.

Gravité : aucune.
Soins : bains.

Puces

Ces insectes sauteurs au développement rapide perforent la peau du chien pour en aspirer le sang, provoquant ainsi une démangeaison réactive. Quand le chien se gratte, il a déjà au moins une dizaine de puces. Adultes, elles vivent sur le chien et pondent de 30 à 40 œufs par jour. Tombés au sol, ces œufs se transforment en larves puis en cocon. Le cycle de développement des puces s'achève en 20 jours, mais il peut durer un an. Il s'accélère dès qu'il fait plus chaud et les infestations sont alors plus importantes et plus fréquentes.

Contamination : elle s'opère soit au contact d'un animal, soit au contact d'un milieu infecté. Dans tous les cas, la contamination ne se produit que par l'intermédiaire de 2 ou 3 puces qui provoqueront ultérieurement (20 jours) une infestation massive. Dès lors, quand le chien a 5 puces, 95 se développent en secret sous forme de larves et de cocons.
Détection : à l'œil nu, en peignant la fourrure avec un peigne à dents fines ou si, en passant un coton humide sur le pelage de l'animal, des déjections brunes sont prélevées.
Conséquences : des allergies fréquentes qui peuvent être responsables de graves dermatoses.
Si l'invasion parasitaire est importante, l'animal adulte s'affaiblit. Chez le jeune, elle peut évoluer vers une anémie mortelle. Les puces sont aussi les hôtes intermédiaires du ténia.
Danger pour l'homme : aucun.

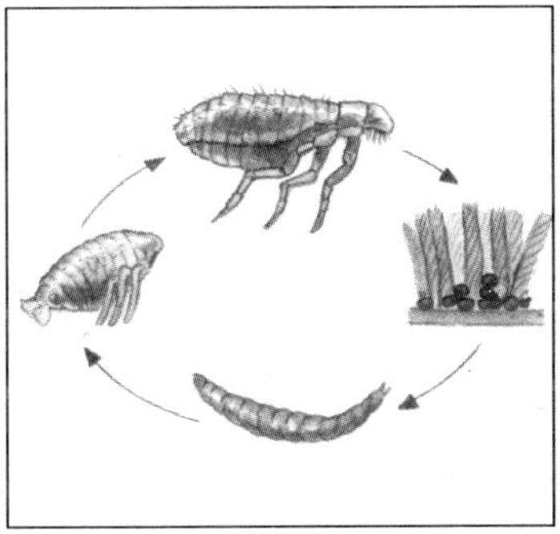

En seulement 20 jours, un œuf de puce se transforme en larve, puis en puce.

Gravité : + à +++ selon le niveau d'infestation.
Soins : hygiène impérative.

Ascaris
Description : il s'agit de vers longs (10 à 15 cm) en forme de spaghetti. Le diagnostic se fait par le rejet de vers adultes dans les selles ou les vomissements. Les œufs sont aussi évacués par les selles.
Symptômes : amaigrissement, diarrhées avec ballonnement abdominal, anémie, troubles du développement. La migration des larves à travers les poumons provoque bronchite et pneumonie.
Contamination : les chiots sont infestés dans le ventre de leur mère par la voie sanguine. À partir de 4 semaines, ils évacuent les vers par les selles.
Danger pour l'homme : réel, surtout par *Larva migrans.*
Gravité : ++
Soins : vermifuges.

Ankylostomes
Description : ce sont de petits vers dont la bouche est munie de crochets. Ils se fixent dans l'intestin et se nourrissent de sang. Leurs œufs sont évacués par les selles.
Symptômes : diarrhées sanguinolentes, pâleur des muqueuses.
Contamination : elle s'opère par l'absorption de nourriture mais aussi par la pénétration de larves sous la peau. Il arrive aussi que des chiots soient infectés par le lait de leur mère. La migration des larves peut occasionner des problèmes pulmonaires.
Danger pour l'homme : aucun.
Gravité : ++
Soins : vermifuges.

Vers à fouet (trichures)
Description : leur forme rappelle celle d'un fouet, d'où leur nom. Présence d'œufs dans les selles.
Symptômes : diarrhées intermittentes et sanguinolentes, affaiblissement général, surtout chez les chiots.
Contamination : elle s'opère par la nourriture. Les vers à fouet et les ankylostomes sont très répandus dans les élevages et les chenils.
Danger pour l'homme : aucun.
Gravité : +
Soins : vermifugations.

Ténia
Description : c'est la découverte d'anneaux blanchâtres, de la taille d'un gros grain de riz, dans les selles et autour de l'anus du chien qui permet le diagnostic.
Symptômes : pelage hirsute, diarrhées occasionnelles, amaigrissement malgré l'appétit, démangeaisons à l'anus.
Contamination : par la consommation de viande crue et d'abats de bœuf, de chèvre, de mouton, de gibier, mais aussi en mangeant des souris, des rats et des puces. Ces hôtes intermédiaires se réinfestent en ingérant des excréments de chiens, de chats ou de renards. La puce que le chien avale en se

mordillant est le principal vecteur du ténia chez le chien. Aussi il est primordial de vermifuger l'animal en cas d'invasion de puces.
Danger pour l'homme : aucun, sauf par échinocoque (cas très grave).
Gravité : aucune.
Soins : vermifuges, antipuces.

Ver du poumon

Description : ses larves se développent dans les excréments.
Symptômes : bronchite et inflammation pulmonaire *(voir p. 36).*
Contamination : elle s'opère par des excréments contaminés.
Danger pour l'homme : aucun.
Gravité : ++
Soins : préventifs.

Les maladies dues à des parasites sanguins

Que ce soit dans les pays chauds, les régions du pourtour méditerranéen ou même sur notre territoire, des insectes ou des acariens peuvent transmettre des parasites sanguins très dangereux pour le chien.

Leishmaniose

Agent : parasitose due à un protozoaire flagellé qui se développe dans le sang des chiens. Elle se transmet par les piqûres de moustiques ou par une plaie ouverte.
Zones de propagation : Bassin méditerranéen, Afrique du Nord, sud de la France, nord de l'Italie et sud de la Suisse.
Symptômes : chute des poils, formation de croûtes importantes, eczéma sur tout le corps, ganglions hypertrophiés, poussées de fièvre, fatigue générale, amaigrissement, gonflement abdominal. L'incubation dure de 3 à 6 mois.
Danger pour l'homme : risque de contamination par l'intermédiaire d'égratignures ou de plaies. Si la maladie est très avancée, mieux vaut euthanasier l'animal.
Gravité : +++
Soins : difficile à mettre en œuvre.

Piroplasmose (ou babésiose)

Agent : le piroplasme est un parasite qui attaque les globules rouges et provoque une anémie. Il s'attrape par les tiques.
Zones de propagation : régions tropicales et subtropicales, Europe centrale, nord de l'Italie et sud de la Suisse.
Symptômes : ils apparaissent 10 à 20 jours après la contamination : fatigue intense, asthénie, fortes poussées de fièvre, pâleur des muqueuses, urines foncées, ictère.
Danger pour l'homme : aucun.
Gravité : +++
Soins : piro-plasmides injectables.

Rickettsiose (ou Ehrlichiose)

Agent : la rickettsie est un parasite qui attaque les globules blancs et provoque une baisse des défenses immunitaires. Elle se transmet par les tiques.
Zones de propagation : régions tropicales et subtropicales, Europe centrale, nord de l'Italie, sud de la Suisse.
Symptômes : les rickettsies accompagnent souvent les piroplasmes et produisent des symptômes analogues, mais avec une évolution plus aiguë.
Danger pour l'homme : aucun.
Gravité : ++
Soins : tétracyclines, perfusions.

Ver du cœur

Agent : un ver fin (1 mm) qui peut mesurer jusqu'à 25 cm de long. Il élit domicile dans le ventricule droit du cœur et les artères pulmonaires, occasionnant des dégâts considérables au niveau du cœur et des poumons. Ces larves sont transmises par les moustiques.
Zone de propagation : zones marécageuses (Amérique du Nord, Amérique centrale, Bassin méditerranéen).
Symptômes : faiblesse, toux, problèmes cardio-vasculaires avec congestion pulmonaire, accélération du pouls et de la respiration.
Danger pour l'homme : aucun.
Gravité : ++
Soins : préventifs surtout.

Les maladies typiques de certaines races

Races naines

Les races naines comme les yorkshires, les shih-tzus, les chihuahuas, les pinschers, les caniches, les schnauzers sont prédisposées aux malformations du genou et de la hanche ; à la trachéite ; à une seconde dentition incomplète et à la parodontose ; à des mises bas difficiles du fait de l'étroitesse de leur bassin.

Races à face plate
Les carlins, les pékinois, les boston-terriers, les bouledogues français sont sujets aux difficultés respiratoires et à la rhinite ; à la pharyngite et à la laryngite ; à des mises bas difficiles.

Races de grande taille
Les bergers allemands, les saint-bernard, les bassets, les mâtins, les dogues sont prédisposés à la dysplasie de la hanche ; à la hernie discale ; à l'insuffisance cardiaque ; à la conjonctivite.

Une bonne hygiène de vie est fondamentale pour parer aux invasions de parasites (alimentation saine, propreté du pelage et de la niche), surtout si la chienne a des petits.

Index

Les numéros de page en caractère gras renvoient aux photos couleurs et aux illustrations.

Remarques importantes

Ce guide expose les maladies du chien et leur traitement. Cependant, malgré tout le soin apporté à sa rédaction et en raison de l'étendue du sujet, il ne prétend pas être exhaustif. Aucun livre ne peut remplacer l'avis d'un vétérinaire ni dans l'élaboration d'un diagnostic, ni dans la décision d'appliquer un traitement. En revanche, ce livre pourra être d'une grande utilité dans les cas d'urgence, accidents, empoisonnements, en indiquant les gestes à faire — et surtout ceux qu'il ne faut pas faire. Il permettra de mieux comprendre et de mieux appliquer les prescriptions du vétérinaire. Médicaments, insecticides, bains curatifs, ainsi que la pharmacie familiale doivent être employés avec la plus grande prudence. Il est recommandé d'enfiler des gants, surtout si vous avez la peau fragile ou si vous craignez les allergies. Les mycoses du chien, certaines maladies infectieuses (rage, leptospirose), certains parasites (ascaris) et certaines maladies importées (leishmaniose) sont transmissibles à l'homme. Observez donc une hygiène rigoureuse. En cas de doute, consultez votre médecin et précisez que vous possédez un chien.

Crédits photographiques

Animal Photographie/Willbie : 39 ; Bender : 13 ; Gröger : 2e de couverture ; Günzel : 1re de couverture, 19 ; Info Hund/Krämer : 31 ; IPO : 8 en bas ; Junior/Fellner : 51 ; Junior/Liebold : 28, 59 ; Junior/Speisen : 42 ; Layer : 49 ; Mahler : 53 (les 4) ; Meier : 24 (les 3), 25 (les 2), 35, 46 ; Schmidbauer : 8 en haut ; Silvestris/Kerscher : 10 ; Silvestris/Lenz : 11 ; Silvestris/Wothe : 54 ; WAPI : 25, 27, 44, 48, 49. Illustration p. 57 : Renate Holzner.

L'édition originale de cet ouvrage a été publiée
sous le titre « *Mein kranker Hund - Erste Hilfe - Behandlung - Pflege* »
par Gräfe und Unzer GmbH, München.

Ont collaboré à la rédaction de ce livre :
Christine Metzger et Claus-Michael Pautzke.

Traduction
Mireille Touret

Secrétariat d'édition
Déborah Lacotte

Maquette
Béatrice Lereclus

Dépôt légal : 975-04-1997
N° éditeur : 40991
ISBN : 2.01.620719.1
62.65.0719.01.5

Impression
G. Canale & C.S.p.A., Turin (Italie)

PETITS PRATIQUES HACHETTE

cuisine

69 titres

50 recettes "pleine forme" et tous styles, photographiées et expliquées point par point. Des conseils, des variantes et le nombre de calories, lipides, glucides et protides donnés pour chaque recette. Chaque volume : 64 p., 165 x 200 mm, 70 photos couleur, couverture brochée.
34 F.

animaux

29 titres

Bien comprendre et bien soigner son animal préféré. Chaque volume : 64 p., 165 x 200 mm, 80 photos couleur et illustrations, couverture brochée.
34 F.
La série sur les races de chiens et de chats est dirigée par le docteur Pierre Rousselet-Blanc.

jardinage

25 titres

Un choix varié de titres constituant une encyclopédie illustrée du jardin. Nombreuses photos et illustrations.Chaque volume : 64 p., 165 x 200 mm, 90 photos couleur,couverture brochée.
34 F.
Directeur de collection : Patrick Mioulane.

décoration

8 titres

Des idées hautes en couleurs pour embellir son cadre de vie.
Chaque volume : 64 p., 165 x 200 mm,
70 photos couleur,
couverture brochée.
34 F.

beauté

4 titres

Pour être belle et bien dans sa peau en toutes occasions.
Chaque volume : 64 p., 165 x 200 mm,
70 photos couleur,
couverture brochée.
34 F.

HACHETTE
Pratique